Tout «médicament» qui a des effets secondaires doit comporter une étiquette de mise en garde et la série de livres **Bouillon de poulet** *ne fait pas exception. Les lecteurs devraient être mis en garde...*

> *A**VERTISSEMENT** — La lecture de ce **2e bol de Bouillon de poulet pour l'âme** peut entraîner des rires, des larmes, des serrements de gorge et une augmentation permanente de l'amour, du courage et de la responsabilité personnelle.*

Jim Newman, CPAE, auteur

Comme l'a enseigné Carl Rogers, «ce qui est le plus personnel est le plus général». Ces merveilleuses histoires s'adressent sans contredit au niveau personnel à la plupart d'entre nous. Elles réjouissent, inspirent, divertissent et édifient. J'aime ce recueil d'histoires tout comme j'aime tous les bons ouvrages de citations.

Dr. Stephen R. Covey, auteur

Bouillon de poulet pour l'âme *est une précieuse série d'histoires émouvantes qui incitent à voir sa propre vie d'un œil neuf. Chaque histoire élargit notre perspective de ce que signifie être pleinement humain et nous apprend que nous pouvons, nous aussi, vivre notre vie en faisant une plus grande place à l'amour, au courage et à la compassion.*

John Gray, Ph.D.
auteur de *Les hommes viennent de Mars,
Les femmes viennent de Vénus*

Ce livre est une délicieuse surprise qui vous transporte loin des tracasseries, dans le monde de la lumière, de l'amour... et de la possibilité.

Susan Jeffers, Ph.D., auteur

Ce recueil d'histoires de Jack Canfield et Mark Victor Hansen est un merveilleux mélange de sagesse et de perspicacité, avec juste un soupçon de folie et de sourires, beaucoup plus qu'une pincée de bonté et assez de chaleur pour éclairer les recoins des cœurs les plus sombres. C'est tout indiqué pour alimenter les soirées au coin du feu des gens heureux, bouleversés, abattus, malades... C'est nourrissant pour l'âme et bon pour vous...

Steve Allen, Jr., M.D.
humoriste, auteur et vice-doyen d'université

*Avec ce deuxième ouvrage de la série **Bouillon de poulet**, Mark Victor Hansen et Jack Canfield ont encore une fois trouvé le filon. Cet ouvrage a une réelle valeur intrinsèque, je lui accorde aussi une note parfaite de 10!*

Peter Vidmar
médaillé d'or olympique en gymnastique

*Livre merveilleux... chaque fois que j'ai besoin d'un remontant, je me sers un **2e bol de Bouillon de poulet pour l'âme**. Cela me réchauffe le cœur et me remonte le moral.*

Robert Kriegel, auteur

*Ceux qui lisent les **Bouillon de poulet pour l'âme** de Mark Victor Hansen et Jack Canfield auront le cœur réchauffé et leur esprit, libéré, prendra son envol.*

Al Neuharth
fondateur de *USA Today*

Jack Canfield et Mark Victor Hansen sont parmi les rares personnes au monde qui sont à la fois bonnes, exceptionnelles, généreuses et aimantes.

Larry Wilde
«L'humoriste américain le plus acclamé»
– Le *New York Times*

Un 2e bol de
Bouillon de Poulet pour l'Âme

Jack Canfield
et
Mark Victor Hansen

Un 2e bol de
Bouillon de Poulet pour l'Âme

*80 histoires
qui réchauffent le cœur
et remontent le moral*

Traduit par Claire Stein

Sciences et *Culture*
Montréal, Canada

L'édition originale de cet ouvrage a été publiée sous le titre
A 2ND HELPING OF
CHICKEN SOUP FOR THE SOUL
101 More Stories
To Open The Heart And Rekindle The Spirit
© 1995 par Jack Canfield et Mark Victor Hansen
Health Communications, Inc.
Deerfield Beach, Floride (É.-U.)
ISBN 1-55874-331-6

Réalisation de la couverture : ZAPP

Tous droits réservés pour l'édition française
© 1996, *Éditions Sciences et Culture Inc.*

Dépôt légal : 4ᵉ trimestre 1996
Bibliothèque nationale du Québec
Bibliothèque nationale du Canada

ISBN 2-89092-208-1

 Éditions Sciences et Culture
5090, rue de Bellechasse, Montréal
(Québec) Canada H1T 2A2
(514) 253-0403 Fax: (514) 256-5078

IMPRIMÉ AU CANADA

Dédicace

Les gens racontent des histoires. C'est une façon de prendre soin d'eux-mêmes. Si des histoires vous sont communiquées, prenez-en soin. Et apprenez à les répandre là où elles sont nécessaires. Parfois une personne a besoin d'une histoire plus que de nourriture pour survivre. C'est pourquoi nous mettons ces histoires dans la mémoire les uns des autres. De cette manière, les gens prennent soin d'eux-mêmes.

Barry Lopez

Nous dédions ce livre avec amour aux quelque 800 lecteurs du premier ouvrage qui nous ont envoyé des histoires, des poèmes et des citations à inclure éventuellement dans le deuxième volume de la série *Bouillon de poulet*. Bien que nous n'ayons pas pu utiliser tout le matériel que nous avons reçu, nous sommes profondément touchés par votre intention sincère de partager votre vie et vos histoires avec nous et avec nos lecteurs. Nous vous aimons!

Nous dédions aussi ce livre à Patty Aubery, qui a consacré des centaines et des centaines d'heures à taper et à retaper ce manuscrit; à Kim Wiele, qui a lu plus de 1000 histoires et poèmes au cours de la création de ce livre; à Nancy Mitchell qui, semaine après semaine, a relancé les auteurs et les éditeurs pour obtenir les permissions nécessaires; et à Angie Hoover, qui a collaboré à tous les aspects de la production de cet ouvrage. Ce livre n'existerait pas sans vous!

Les citations

Pour chacune des citations contenues dans cet ouvrage, nous avons fait une traduction libre de l'anglais au français. Nous pensons avoir réussi à rendre le plus précisément possible l'idée d'origine de chacun des auteurs cités.

Table des matières

3. La mort et les mourants

4. Une question d'attitude

5. L'apprentissage et l'enseignement

Remerciements

Tout comme pour le premier volume de la série *Bouillon de poulet pour l'âme,* nous avons mis environ deux ans pour écrire cet ouvrage, le compiler et l'apprêter. Ce fut une véritable œuvre d'amour pour nous tous, et nous aimerions remercier les personnes suivantes de leur contribution, sans laquelle ce livre n'aurait pas vu le jour.

Dave Potter, pour avoir continué à nous fournir plus d'histoires que toute autre personne sur cette planète, et pour nous avoir emmenés faire du ski en Idaho lorsque nous avions besoin de nous détendre, loin des pressions de la rédaction et des discussions. Tu es un vrai frère, Dave!

Peter Vegso et Gary Seidler, de *Health Communications,* pour avoir cru en nous et avoir mis notre premier ouvrage, *Chicken Soup for the Soul,* entre les mains de plusieurs millions de lecteurs. Merci, Peter et Gary. Nous vous aimons plus que vous ne le saurez jamais!

Nos épouses, Georgia et Patty, nos enfants, Christopher, Oran, Kyle, Melanie et Elisabeth, qui nous ont accordé l'espace dont nous avions besoin pour faire ce livre ainsi que le soutien moral nécessaire pour persévérer dans ce qui paraissait une tâche tout à fait titanesque et interminable. Vous continuez d'être du *bouillon de poulet pour nos âmes,* jour après jour!

Patty Aubery, qui a consacré d'innombrables heures à taper et à retaper le manuscrit, et à superviser la première phase de production du livre. Patty — nous n'y serions pas arrivés sans toi!

Kim Wiele, qui a lu chacune des 800 histoires qui nous ont été soumises et nous a donné des centaines d'heures de précieuse rétroaction.

Nancy Mitchell, qui a passé d'innombrables heures à traiter le dédale des permissions qu'il fallait obtenir pour faire de ce livre une réalité.

Angie Hoover, qui a servi d'intermédiaire entre Jack et le monde extérieur, et a rendu possible l'achèvement de ce livre.

Larry Price et Laverne Lee, pour avoir dirigé la *Foundation for Self-Esteem* sans le soutien psychologique et physique de Jack pendant cette période. Merci d'avoir tenu le coup.

Trudy Klefstad de *Office Works*, qui a tapé la première ébauche du livre en un temps record, avec très peu d'erreurs. Une vraie perle!

Peggy Paradise, qui a lu et évalué chaque histoire qui nous était soumise par l'entremise du bureau de Mark.

Christine Belleris et Matthew Diener, nos éditeurs chez *Health Communications*, pour leurs généreux efforts en vue d'amener cet ouvrage à son haut niveau d'excellence.

Dottie Walters, qui nous a appelés presque toutes les semaines pour nous confier une merveilleuse histoire qu'elle venait de lire ou nous parler d'une personne que «nous devions absolument interviewer pour insérer son histoire dans notre livre». Dottie, tu es véritablement un mentor et une amie!

Les quelque 800 personnes qui ont soumis des histoires, des poèmes et d'autres textes; vous savez qui vous êtes. Même si nombre de textes, bien que magnifiques, n'ont pas cadré dans la structure d'ensemble de ce livre, vous nous avez procuré des centaines d'heures de lecture agréable et inspirante.

Les personnes suivantes qui ont lu la toute première ébauche du livre nous ont aidés à procéder aux sélections finales et ont fait des commentaires inestimables sur la façon de l'améliorer: Raymond Aaron, Steve Andreas, Kelle Apone, John Assaraff, Jeff Aubery, Christine Belleris, Michael et Madonna Billauer, Kyle Canfield, Taylor Canfield, Bill Cowles et Cindy Hancock de *SkillPath*, Matthew Diener, Mike Hall, Bob et Tere Harris, Jennifer Hawthorne, Lou Heckler, Eve Hogan, Sandy Holland, Norman Howe, Peggy Jenkins, Ruth A. Johnston, Kimberly Kirberger, Jeffrey Laign (le merveilleux rédacteur en chef de la revue *Changes*, qui a gracieusement présenté nos histoires au cours de l'année), Danielle Lee, Sandy Limina, Meladee McCarty, Ernie Mendez, Tomas Nani, Cindy Palajac, Dave Potter, Lee Potts, Dave Rabb, Brenda Rose, Marci Shimoff, Carolyn Strickland, Dottie Walters, Harold C. Wells (coauteur avec Jack de *100 Ways to Enhance Self-Concept in the Classroom* – 100 façons d'améliorer le concept de soi en classe) et Maureen Wilcinski.

Et les personnes suivantes qui ont contribué d'autres façons importantes: Kathryn Butterfield; Michael Adamson, Ronald Dahlsten, Chuck Dodge, David Latimer et Martin Louw, qui ont envoyé plusieurs textes chacun que nous avons inclus dans ce livre; Pam Finger, dont le bulletin est pour nous une source d'inspiration constante; Helen Fisher, pour une merveilleuse citation de Gandhi; Barbara Glanz, pour toutes les belles citations qu'elle a partagées avec nous; Chuck Glover; Neil Glover; Susan J. Golba; Jerry Harte; Lee Hewitt; Keith Howes; Doris Jannke; Michael Jeffries; Don Olivett; Peg Otsby; Bertie Synoweic; Dolly Turpin et Kim Weiss.

Étant donné l'envergure de ce projet, nous sommes convaincus d'avoir omis les noms de quelques-unes des personnes qui nous ont aidés. Nous nous en excusons, mais sommes néanmoins reconnaissants pour les nombreuses mains qui ont rendu ce livre possible. Merci à tous pour votre vision, votre bienveillance, votre engagement et vos actions.

Cher lecteur

Je suis ici pour vous. Lorsque vous vous sentez seul ou isolé, cherchez ma compagnie. Quand le doute vous assaille et que la confiance en soi ne semble qu'un lointain souvenir, tournez-vous vers ma lumière. Lorsque la confusion et le chaos semblent régner en maîtres dans votre vie, écoutez ma sagesse. Comme vos grands-parents se servaient de *bouillon de poulet* pour ramener votre corps à la santé, je suis ici pour redonner vie à votre âme. Mes incursions dans la famille et l'amour vont vous guider hors des cavernes de votre solitude. Mes histoires de courage et de force d'âme vont raffermir votre détermination.

Ma recette contient une forte dose d'inspiration offerte par ceux qui ont fait face à des montagnes de défis, qui les ont vaincus et qui se dressent maintenant parmi les nuages et les étoiles. Tout votre système va vibrer d'une énergie et d'une légèreté nouvelles si vous consommez de grandes quantités d'humour et si vous tentez de partager vos cadeaux avec des personnes dans le besoin. Ces récits sur les champions, les héros et les héroïnes qui vous ont précédé imprimeront une nouvelle énergie à vos pas et une vitalité à vos rêves. Des pensées profondes énoncées par les âmes les plus sages briseront les liens de la peur qui vous retiennent prisonnier.

Par-dessus tout, je vous offre la vitamine de la vision — la vision de votre avenir rempli de joie, de victoires, de bonheur, de prospérité, de camaraderie et d'amour. Je suis *Bouillon de poulet pour l'âme*.

John Wayne Schlatter

Introduction

L'univers est fait d'histoires, non d'atomes.

Muriel Ruckeyser

Directement de nos cœurs aux vôtres, nous sommes ravis de vous offrir *Un 2ᵉ bol de Bouillon de poulet pour l'âme*. Ce livre contient 80 histoires qui, nous le croyons, vont vous inspirer et vous motiver à aimer plus inconditionnellement, à vivre plus passionnément et à poursuivre vos rêves sincères avec plus de conviction. Il vous soutiendra dans les moments de frustration et d'échec, et vous réconfortera dans les moments de souffrance et de perte. Il deviendra un compagnon permanent, offrant soutien et sagesse chaque fois que vous en aurez besoin.

Vous vous disposez à entreprendre un merveilleux périple. Ce livre diffère des autres ouvrages que vous avez lus. À certains moments, il vous touchera au plus profond de votre être; à d'autres, il vous transportera à de nouveaux niveaux d'amour et de joie. Notre premier volume de la série *Bouillon de poulet* était tellement fort que bien des gens peu portés vers la lecture l'ont lu d'un couvert à l'autre. Nous nous sommes demandé comment la chose était possible. Ils nous ont dit que la force de l'amour, l'inspiration, la compassion et l'encouragement, qui vont droit au cœur, les ont captivés, les motivant à poursuivre leur lecture.

Je n'ai que dix ans et j'adore ce livre.
C'est étonnant que je l'aime.
Je ne lisais pas auparavant,
mais maintenant je lis, je lis sans arrêt.

Ryan O. – 11 ans

Comment lire ce livre

Ce livre peut être lu d'un seul trait; cependant, nous ne le recommandons pas. Nous suggérons plutôt que vous preniez votre temps et le savouriez comme un bon vin — une gorgée à la fois. Chaque petite gorgée vous donnera un éclat chaleureux, un esprit pétillant et une mine radieuse. Vous constaterez que chaque histoire vous nourrira le cœur, l'esprit et l'âme d'une manière différente. Nous vous invitons à vous abandonner au processus et à bien prendre le temps de digérer chaque histoire. Si vous les ingérez trop rapidement, les significations profondes sous-jacentes risquent de vous échapper. Chaque histoire contient beaucoup de sagesse et d'expérience de vie.

Nous sommes convaincus plus que jamais que les histoires constituent un des plus puissants outils à notre disposition pour transformer nos vies. Les histoires parlent directement à notre subconscient. Elles tracent les plans d'une vie meilleure. Elles offrent des solutions pratiques à nos problèmes quotidiens et témoignent de comportements créatifs éprouvés. Elles guérissent nos blessures et nous rappellent un des plus nobles aspects de notre nature. Elles nous sortent de notre train-train quotidien et nous éveillent à des possibilités infinies. Elles nous inspirent à être et à faire plus que nous ne le pensions possible à l'origine.

Partagez ces histoires avec d'autres

Des richesses palpables insoupçonnées
  vous pouvez avoir,
Des coffrets de bijoux et des coffres d'or.
Plus riche que moi jamais vous ne serez;

*Je connais quelqu'un qui m'a raconté
des histoires.*

Cynthia Pearl Maus

Quelques-unes des histoires que vous allez lire vont vous inciter à les partager avec une personne qui vous est chère ou avec un ami. Lorsqu'une histoire vous touche réellement jusqu'au fond de l'âme, fermez les yeux un moment et demandez-vous: «Qui a besoin d'entendre cette histoire en ce moment?» Une personne que vous aimez peut vous venir à l'esprit. Prenez le temps d'aller la voir ou de l'appeler et de partager cette histoire avec elle. Le fait d'avoir partagé l'histoire avec quelqu'un qui vous tient à cœur vous apportera quelque chose d'encore plus profond pour vous-même. Voici une anecdote de Martin Buber qui donne à réfléchir:

Une histoire doit être racontée d'une façon telle qu'elle constitue une aide en elle-même. Mon grand-père boitait. Un jour, on lui a demandé de raconter une histoire à propos de son professeur. Et il raconta comment son professeur avait l'habitude de sautiller et de danser tout en priant. Mon grand-père se leva tout en parlant et, tellement absorbé par son histoire, il commença à sautiller et à danser, montrant comment le maître s'y prenait. À partir de ce moment, il fut guéri de son infirmité. Voilà la façon de raconter une histoire!

Pensez à partager ces histoires au travail, à l'église, à la synagogue ou au temple, ainsi qu'à la maison avec votre famille. Après le partage, racontez comment l'histoire vous a touché et pourquoi vous avez été porté à la partager avec eux. Et plus important encore, laissez ces histoires vous inciter à partager vos propres histoires.

Lire, raconter ou écouter les histoires les uns des autres peut transformer nos vies. Les histoires sont des véhicules puissants qui libèrent nos énergies inconscientes pour nous amener à guérir, à exprimer et à grandir. Des centaines de gens nous ont dit comment le fait de raconter des histoires a ouvert tout grand la porte aux émotions et a facilité de profonds échanges en famille et en groupe. Des membres d'une famille ont commencé à se rappeler et à raconter des expériences marquantes de leur vie, qu'ils apportaient à la table durant le repas, à une réunion de famille, en classe, au groupe d'entraide, à l'assemblée paroissiale et même au travail.

Une des choses les plus précieuses que nous puissions faire pour nous guérir mutuellement est d'écouter les histoires les uns des autres.

Rebecca Falls

Un professeur de Pennsylvanie (É.-U.) a invité ses élèves de la fin du primaire à écrire leur propre livre de *Bouillon de poulet pour l'âme* à partir d'histoires tirées de leurs vies. Une fois le livre terminé et compilé, il fut reproduit et distribué. Il a eu une incidence marquante sur les enfants et sur leurs parents.

Un gestionnaire d'une grande société nous a raconté avoir commencé chaque réunion du personnel, pendant un an, en racontant une histoire tirée de la série *Bouillon de poulet*.

Des ministres du culte, des rabbins, des psychologues, des conseillers, des formateurs et des animateurs de groupes d'entraide ont commencé ou terminé leurs sermons et leurs sessions par des histoires extraites du précédent livre. Nous vous encourageons également à le faire. Les gens sont affamés de cette nourriture de l'âme.

Cela prend si peu de temps et peut avoir des répercussions tellement durables.

Nous vous encourageons également à commencer à raconter vos histoires à votre entourage. Les gens peuvent avoir besoin d'entendre votre histoire. Comme plusieurs histoires dans ce livre le mentionnent, on peut même sauver la vie de quelqu'un.

Parfois notre lumière s'éteint, puis elle est rallumée par un autre être humain. Chacun de nous doit de sincères remerciements à ceux qui ont ravivé leur flamme.

Albert Schweitzer

Bien des gens ont ravivé notre flamme au cours des ans et nous leur en sommes reconnaissants. Nous espérons que, d'une manière bien modeste, nous contribuerons à attiser la vôtre et à en faire une flamme plus importante. Si tel est le cas, nous avons réussi.

JACK CANFIELD ET MARK VICTOR HANSEN

1

L'AMOUR

La vie est une chanson – chantez-la
La vie est un jeu – jouez-le
La vie est un défi – relevez-le
La vie est un rêve – réalisez-le
La vie est un sacrifice – offrez-le
La vie est l'amour – appréciez-le.

Sai Baba

Le cirque

*Ces   s de
genti   le la
vie d*

orth

Un j   moi fai-
sions la   cirque.
Finalem   t nous.
Cette fa   omptait
huit enf   e douze
ans. Il é   aucoup
d'argent   nt, les
enfants   en rang
deux à deux, derrière leurs parents. Ils parlaient avec
excitation des clowns, des éléphants et des autres numéros qu'ils verraient ce soir-là. On pouvait deviner qu'ils
n'avaient jamais assisté à une représentation du cirque.
Ce serait le clou de leur jeune vie.

Le père et la mère étaient en tête de la fière ribam-
belle. La mère tenait la main de son mari, le regardant
comme si elle lui disait: «tu es mon prince charmant».
Lui, il souriait et, le torse bombé, il lui retournait son
regard comme pour lui confirmer qu'elle avait raison.

La préposée aux billets demanda combien de billets le
père souhaitait acheter. Ce dernier répondit avec fierté:
«S'il vous plaît, huit billets d'enfant et deux d'adulte pour
que toute ma famille assiste au spectacle du cirque.»

La préposée aux billets indiqua le prix.

L'épouse lâcha la main de son mari et baissa la tête tandis que la lèvre inférieure du père se mettait à trembler. Il s'inclina davantage vers la préposée et demanda: «Combien avez-vous dit?»

La préposée aux billets répéta le prix.

L'homme n'avait pas suffisamment d'argent.

Comment se retourner et faire savoir à ses huit enfants qu'il n'avait pas assez d'argent pour les emmener au cirque?

Voyant ce qui se passait, mon père prit dans sa poche un billet de 20 $ qu'il laissa tomber par terre. (Nous étions loin d'être riches et ce, dans tous les sens du terme!) Mon père se pencha, ramassa le billet puis posa la main sur l'épaule de l'homme en lui disant: «Excusez-moi, monsieur, ce billet est tombé de votre poche.»

L'homme savait bien ce qui se passait. Il ne demandait pas l'aumône, mais il était reconnaissant de l'aide apportée dans une situation désespérée, déchirante et embarrassante. Il regarda mon père droit dans les yeux, prit sa main dans les siennes, referma ses doigts fermement sur le billet de 20 $ et, pendant qu'une larme coulait le long de sa joue, il répondit, la lèvre tremblante: «Merci, merci, monsieur. Cela représente beaucoup pour moi et ma famille.»

Mon père et moi retournâmes à la voiture et rentrâmes à la maison. Nous n'avions pas assisté à la représentation du cirque ce soir-là, mais nous étions quand même très heureux.

Dan Clark

Chase

C'était évident, la lèvre de Chase tremblait tandis qu'il suivait sa mère le long du trottoir en pente, vers le parc de stationnement du bureau de l'orthodontiste. Ce serait le pire été de tous ceux que le garçon de onze ans avaient connus. Le docteur avait été doux et gentil avec lui, mais le temps était venu de regarder la réalité en face: il devrait porter des appareils orthodontiques pour corriger un mauvais alignement dentaire. Le traitement serait douloureux, il ne pourrait pas manger d'aliments durs ou difficiles à mâcher et il était convaincu que ses copains se moqueraient de lui. Sur le chemin du retour vers leur petite maison de campagne, la mère et le fils n'échangèrent pas un mot. La ferme ne comptait que 17 acres, mais abritait un chien, deux chats, un lapin et une multitude d'écureuils et d'oiseaux.

La décision de faire corriger les dents de Chase n'avait pas été facile pour sa mère, Cindy. Divorcée depuis cinq ans, elle était seule à pourvoir aux besoins de son jeune fils. Petit à petit, elle avait réussi à épargner les 1 500 $ nécessaires au traitement orthodontique.

Puis un après-midi ensoleillé, Chase, la personne qui comptait le plus pour elle, tomba en amour. Lui et sa mère étaient en visite chez les Raker, de vieux amis de la famille, à leur ferme située à 80 kilomètres de là. Monsieur Raker les conduisit vers la grange et c'est là que Chase la vit. Elle gardait la tête haute pendant que le trio s'approchait. Sa crinière claire et sa queue ondulaient au vent. Elle s'appelait Lady et était tout ce qu'une belle jument devait être. Elle était sellée et Chase put goûter pour la première fois à l'équitation. L'attraction avait été instantanée et semblait mutuelle.

Monsieur Raker avait dit à Cindy: «Elle est à vendre, si vous voulez l'acheter. Pour 1 500 $, vous obtenez la jument, tous ses papiers et la remorque pour la transporter.» C'était une décision difficile. Les 1 500 $ économisés pouvaient servir à réparer les dents de Chase ou à acheter Lady pour lui, mais impossible de faire les deux. Finalement, elle décida que les appareils orthodontiques constituaient la meilleure solution à long terme pour Chase. C'était une décision crève-cœur pour la mère comme pour le fils. Toutefois, Cindy promit de conduire Chase à la ferme aussi souvent que possible, pour qu'il puisse voir Lady et la monter.

Chase commença à contrecœur sa longue série de traitements. Avec un minimum de courage et un seuil de tolérance à la douleur des plus faibles, Chase se soumit aux empreintes, aux réglages et aux serrages sans fin des extenseurs. Il fit la grève du silence, pleura et supplia, mais le traitement se poursuivit tout de même. Cet été-là, seuls les moments où sa mère l'amenait à la ferme pour monter Lady furent heureux. Là, il était libre. Le cavalier et sa monture galopaient dans les grands pâturages et faisaient partie d'un monde qui ne connaissait ni douleur ni souffrance. Il n'y avait que le rythme régulier des sabots sur l'herbe et le vent sur son visage. Monté sur Lady, Chase devenait John Wayne, «bien haut sur sa monture», ou un brave chevalier d'antan, parti libérer la belle damoiselle en détresse, ou toute autre personne que lui suggérait son imagination. Après ces longues équipées, Chase et M. Raker bouchonnaient Lady, nettoyaient sa stalle et lui donnaient à manger, et Chase avait toujours quelques morceaux de sucre pour sa nouvelle amie. Cindy et Mme Raker passaient leurs après-midi à préparer des gâteaux et de la limonade, et à regarder Chase monter sa nouvelle grande amie.

Les adieux de Chase à sa jument duraient aussi longtemps que Cindy le permettait. Chase prenait la tête du
cheval entre ses mains, caressait ses fortes épaules et
passait ses doigts dans sa crinière. L'animal docile semblait comprendre l'affection qu'on lui accordait et attendait patiemment, mordillant de temps à autre la manche
du garçon. Chaque fois qu'il quittait la ferme des Raker,
Chase craignait que le regard qu'il jetait à la jument soit
le dernier. Après tout, Lady était à vendre et le marché
était propice à l'achat d'une monture de cette qualité.

L'été s'écoula avec d'autres serrages de l'extenseur
dans la bouche de Chase. On lui avait dit que tout cet
inconfort en vaudrait la peine puisque cela créerait de la
place pour une dent qui viendrait plus tard. Pourtant, il
y avait la désagréable accumulation de particules d'aliments qui restaient coincées dans l'appareil et la douleur
constante des os faciaux étirés. Les 1 500 $ seraient bien-
tôt épuisés et il ne resterait rien pour acheter la jument
qu'il aimait tant. Chase interrogeait sa mère sans cesse,
espérant obtenir une réponse qui lui donnerait satisfaction. Pouvaient-ils emprunter l'argent pour acheter la
jument? Grand-père les aiderait-il à l'acheter? Pourrait-
il se trouver du travail et économiser sa paie pour l'acheter? La mère répondait de son mieux. Puis lorsque tout
avait échoué, elle s'éloignait doucement pour pleurer elle
aussi, triste de ne pas pouvoir combler tous les besoins de
son unique fils.

L'école recommença par un matin frisquet de septem-
bre, et l'autobus jaune roula de nouveau sur l'allée
menant à la maison de Chase. Les écoliers se relayaient
pour raconter tout ce qu'ils avaient fait pendant les
vacances d'été. Lorsque ce fut son tour, Chase parla de
tout, sauf de sa jument au pelage fauve appelée Lady. Le
dernier chapitre de l'histoire n'était pas encore écrit et il
en redoutait la fin. Il avait gagné la bataille sur les appa-

reils qui garnissaient sa bouche et ceux-ci avaient cédé la place aux crochets moins encombrants.

Chase attendait avec beaucoup d'impatience le troisième samedi du mois. Sa mère lui avait promis de l'emmener chez les Raker pour monter Lady. Le jour prévu, Chase se leva tôt. Il nourrit ses lapins, ses chiens et ses chats, et trouva même le temps de ratisser les feuilles de la cour. Avant que Chase et sa mère ne quittent la maison, il remplit ses poches de carrés de sucre à l'intention de la jument à la crinière dorée qui, il le savait, serait là à l'attendre. Pour Chase, il fallut une éternité avant que sa mère quitte la route principale pour s'engager dans l'allée menant à la ferme des Raker. Avec anxiété, Chase regarda attentivement, tentant d'apercevoir la jument qu'il aimait tant. Tout en s'approchant de la ferme et de la grange, il cherchait, mais Lady n'était nulle part en vue. Son pouls s'accéléra lorsqu'il chercha avec espoir la remorque du cheval. Aucune trace; le cheval et la remorque avaient disparu. Son pire cauchemar était devenu réalité. Quelqu'un avait sûrement acheté la jument et il ne la reverrait jamais.

Chase commença à ressentir un vide au creux de son estomac, un vide qu'il n'avait jamais ressenti auparavant. La mère et le fils sortirent de l'auto et coururent à la porte de la maison. Personne ne répondit. Seule la grosse chienne, Daisy, était là, remuant la queue en signe de bienvenue. Pendant que sa mère le regardait avec tristesse, Chase se précipita vers la grange où était gardée la jument. Sa stalle était vide; la selle et la couverture avaient aussi disparu. Le visage baigné de larmes, Chase revint à la voiture et s'assit. «Je n'ai même pas pu lui dire adieu, maman», gémit-il.

Sur le chemin du retour, Cindy et Chase étaient silencieux, absorbés dans leurs pensées. La blessure causée par la perte de son amie serait longue à guérir. Chase espérait seulement que la jument trouverait un bon foyer où quelqu'un l'aimerait et en prendrait soin. Ses prières l'accompagneraient et il n'oublierait jamais les moments de liberté qu'ils avaient passés ensemble. Chase avait la tête basse et les yeux fermés lorsque Cindy s'engagea dans l'allée menant à la maison. Il n'avait pas vu la remorque rouge et brillante près de la grange, ni M. Raker debout près de sa camionnette bleue. Lorsque Chase regarda enfin devant lui, l'automobile était arrêtée et M. Raker ouvrait la portière. «Combien d'argent as-tu économisé, Chase?» demanda-t-il.

Cela ne pouvait pas être vrai. Chase se frotta les yeux avec incrédulité. «Dix-sept dollars», répondit-il d'une voix hésitante.

«C'est exactement ce que je voulais pour cette jument et sa remorque», dit M. Raker en souriant. La transaction qui suivit aurait battu tous les records de vitesse. En quelques instants, le nouveau propriétaire se hissait sur la selle avec fierté, à califourchon sur sa jument bien-aimée. Le cavalier et sa monture disparurent rapidement derrière la grange, chevauchant vers les pâturages qui s'étendaient au loin.

M. Raker n'expliqua jamais son geste, si ce n'est pour dire qu'il ne s'était pas senti aussi bien depuis des années.

Bruce Carmichael

Sauvetage en mer

Il y a plusieurs années, dans un petit village de pêcheurs hollandais, un jeune garçon fit connaître au monde les récompenses découlant d'une bonne action. Du fait que le village entier reposait sur l'industrie de la pêche, il était nécessaire d'avoir une équipe de sauveteurs volontaires en cas d'urgence.

Une nuit que les vents faisaient rage, les nuages crevèrent et une forte bourrasque fit chavirer une embarcation en mer. À bout de ressources et en difficulté, l'équipage lança un appel de détresse. Le capitaine du canot de sauvetage sonna l'alarme et les villageois se rassemblèrent sur la place du village surplombant la baie. Pendant que l'équipe de sauveteurs mettaient leur embarcation à l'eau et se frayaient un chemin à travers des vagues rugissantes, les villageois attendaient impatiemment sur la rive, munis de lanternes pour baliser le chemin du retour.

Une heure plus tard, l'embarcation de sauvetage réapparut dans la brume et les villageois réjouis s'élancèrent pour l'accueillir. Tombant épuisés sur le rivage, les volontaires rapportèrent que l'embarcation n'avait pu prendre un passager de plus et qu'ils avaient dû laisser un homme derrière. Un seul passager de plus aurait sans aucun doute fait chavirer le bateau et tous auraient été perdus.

Avec frénésie, le capitaine fit appel à une autre équipe de volontaires pour aller chercher le dernier survivant. Le jeune Hans, âgé de 16 ans, s'avança. Sa mère s'accrocha à sa manche, en implorant: «N'y va pas, je t'en prie. Ton père est mort dans un naufrage, il y a dix ans, et ton frère aîné, Paul, est disparu en mer depuis trois semaines. Hans, tu es tout ce qui me reste.»

Hans répondit: «Mère, je dois y aller. Qu'arriverait-il si tout le monde disait: "Je ne peux pas y aller, que quelqu'un d'autre le fasse"? Mère, cette fois je dois faire mon devoir. Lorsque vient l'appel, nous devons y répondre chacun à notre tour.» Hans embrassa sa mère, rallia l'équipe et disparut dans la nuit.

Une autre heure s'écoula, qui sembla une éternité à la mère de Hans. Enfin, l'embarcation de sauvetage apparut dans la brume. Hans se tenait à la proue. Les mains en porte-voix, le capitaine demanda: «Avez-vous trouvé l'homme perdu?» À peine capable de contenir sa joie, Hans cria avec excitation: «Oui, nous l'avons trouvé. Dites à ma mère que c'est mon frère aîné, Paul!»

Dan Clark

La deux centième étreinte

L'amour guérit les personnes — à la fois celles qui le donnent et celles qui le reçoivent.

Dr Karl Menninger

La peau de mon père avait pris une teinte jaune alors qu'il reposait, branché à des moniteurs et à des intraveineuses dans l'unité de soins intensifs de l'hôpital. Normalement un homme bien bâti, il avait perdu plus de 15 kilos.

On avait diagnostiqué sa maladie comme étant un cancer du pancréas, une des formes les plus malignes de la maladie. Les médecins faisaient leur possible, mais ils nous avaient informés que mon père n'en avait plus que pour trois à six mois. Le cancer du pancréas ne se prêtant pas à la radiothérapie ni à la chimiothérapie, ils nous laissaient peu d'espoir.

Quelques jours plus tard, alors que mon père était assis dans son lit, je m'approchai de lui en disant: «Papa, je suis très touché par ce qui t'arrive. Cela m'a aidé à prendre conscience de la façon dont je me suis éloigné de toi et à me rendre compte à quel point je t'aime.» Je me suis penché vers lui et je l'ai pris dans mes bras, mais ses épaules et ses bras sont devenus tendus.

«Voyons, papa, je veux vraiment te serrer dans mes bras.»

Pendant un moment, il parut choqué. Les manifestations d'affection ne faisaient pas partie de nos relations habituelles. Je lui demandai de se relever un peu afin que je puisse passer mes bras autour de lui. Puis j'essayai de nouveau. Cette fois, il était encore plus tendu; je sentais monter la vieille rancœur et je commençai à penser: «Je n'ai pas besoin de ça. Si tu veux mourir et me laisser comme toujours avec la même froideur, vas-y.»

Pendant des années, je m'étais servi de toute la résistance et la rigidité de mon père pour lui faire porter le blâme, pour éprouver de la rancœur et me dire: «Tu vois bien, il ne t'aime pas.» Cette fois, cependant, je réfléchis et me rendis compte que l'étreinte était pour moi autant que pour lui. Je voulais lui exprimer à quel point je l'aimais, aussi difficile que ce soit pour lui de me laisser l'approcher. Mon père avait toujours eu une attitude germanique, il ne pensait qu'au devoir; dans son enfance, ses parents lui avaient enseigné à contenir ses sentiments afin d'agir en homme.

Abandonnant mon désir bien ancré de le blâmer pour notre éloignement, j'étais impatient, en vérité, de relever le défi de lui manifester plus d'amour. Je dis: «Voyons, papa, mets tes bras autour de moi.»

Au bord du lit, je me penchai un peu plus vers lui et, ses bras autour de moi, je lui dis: «Maintenant, sers fort. C'est ça. Encore, plus fort. Très bien!»

D'une certaine manière, j'enseignais à mon père à m'étreindre, et comme il me serrait dans ses bras, quelque chose se produisit. L'espace d'un instant, un sentiment d'amour flotta dans l'air. Pendant des années, nos salutations s'étaient réduites à une poignée de main froide et formelle qui signifiait «Bonjour, comment ça va?» Nous attendions maintenant tous les deux que ce rapprochement momentané se produise de nouveau. Pourtant, juste au moment où il commençait à apprécier le sentiment d'amour, son torse se raidissait et notre étreinte devenait gênante et étrange. Il fallut des mois

pour que sa raideur disparaisse et que ses bras m'étrei-
gnent en laissant passer les émotions qui l'habitaient.

Je dus étreindre mon père de nombreuses fois avant
qu'il ne prenne l'initiative de m'étreindre lui-même. Je ne
lui en tenais pas rigueur, je le réconfortais; après tout, il
modifiait les habitudes de toute une vie — et il faut du
temps pour cela. Je savais que nous y arrivions parce que
nos relations étaient de plus en plus empreintes d'amour
et d'affection. À la deux centième étreinte, il dit spontanément à haute voix: «Je t'aime» et, si ma mémoire est
bonne, c'était la première fois.

Harold H. Bloomfield, M.D.

Un lait malté à la fraise et trois légères pressions de la main, svp!

Ma mère adorait le lait malté à la fraise. C'était toujours une joie pour moi d'arrêter chez elle et de la surprendre avec son rafraîchissement préféré.

Pendant leurs dernières années, ma mère et mon père vivaient dans une maison d'hébergement. En partie en raison de la pression exercée par la maladie d'Alzheimer dont souffrait ma mère, mon père était tombé malade et n'était plus en mesure de prendre soin d'elle. Ils occupaient des chambres distinctes, mais passaient ensemble le plus clair de leur temps. Ils s'aimaient tendrement. Main dans la main, ces amoureux aux cheveux d'argent déambulaient dans les corridors, visitaient leurs amis et partageaient leur amour. Ils étaient les «romantiques» du centre d'hébergement.

Lorsque je compris que l'état de ma mère empirait, je lui écrivis une lettre de reconnaissance. J'y soulignai à quel point je l'aimais. Je m'excusai de mon entêtement lorsque j'étais enfant. Je lui affirmai qu'elle était une mère merveilleuse et que j'étais fier d'être son fils. Je lui confiai des choses que je voulais lui confier depuis longtemps, mais que mon entêtement m'avait fait taire jusqu'à ce que je me rende compte qu'elle était dans un état qui l'empêcherait peut-être de comprendre l'amour dissimulé derrière les mots. C'était une lettre détaillée d'amour et d'achèvement. Mon père me raconta qu'elle passait souvent des heures à lire et à relire cette lettre.

Cela m'attristait de savoir que ma mère ne savait plus que j'étais son fils. Souvent, elle demandait: «Quel était donc ton nom?», et je répondais avec fierté que mon nom était Larry et que j'étais son fils. Elle me souriait et me prenait la main. Comme j'aimerais pouvoir encore sentir la douceur de sa main.

Lors d'une de mes visites, je m'arrêtai au bar laitier et achetai pour ma mère et mon père des laits maltés à la fraise. Je me rendis d'abord dans la chambre de ma mère, je lui répétai mon nom, je conversai quelques minutes avec elle, puis j'apportai l'autre lait malté à mon père.

Lorsque je revins, ma mère avait presque terminé son lait. Elle s'était étendue sur le lit pour se reposer. Elle ne dormait pas. Nous échangeâmes un sourire quand elle me vit entrer dans sa chambre.

Sans un mot, j'approchai une chaise du lit et lui pris la main. C'était un lien divin. Je lui déclarai mon amour en silence. Dans le calme, je pouvais ressentir la magie de notre amour inconditionnel, même si je savais pertinemment qu'elle ignorait qui lui tenait la main. Ou était-ce elle qui tenait ma main?

Au bout de dix minutes, je sentis qu'elle me serrait doucement la main... trois fois. Les pressions avaient été brèves, mais instantanément je sus ce qu'elle disait sans avoir à entendre les mots.

Le miracle de l'amour inconditionnel se nourrit de la puissance divine et de notre propre imagination.

Je ne pouvais y croire! Bien qu'elle ne puisse plus exprimer ses pensées les plus secrètes comme elle le faisait auparavant, les mots n'étaient plus nécessaires. C'était comme si elle était revenue pour un bref moment.

De nombreuses années auparavant, lorsque mon père et elle se fréquentaient, elle avait inventé cette manière particulière de dire «Je t'aime» à mon père, lorsqu'ils étaient à l'église. À son tour, il pressait sa main deux fois pour lui répondre «Moi aussi!»

Je pressai sa main doucement deux fois. Elle se tourna vers moi et me sourit avec amour. Je n'oublierai jamais ce sourire. Son visage irradiait l'amour.

Je me rappelais ses façons d'exprimer son amour inconditionnel pour mon père, pour notre famille, pour ses nombreux amis. Son amour continue à influencer profondément ma vie.

Huit ou dix minutes s'écoulèrent encore, sans aucune parole.

Soudain, elle se tourna vers moi et me dit tranquillement: «C'est important d'avoir quelqu'un qui vous aime.»

Je pleurai. C'était des larmes de joie. Je l'étreignis affectueusement et tendrement, en lui disant à quel point je l'aimais.

Ma mère nous quitta peu de temps après.

Peu de mots furent prononcés ce jour-là, mais ceux qu'elle dit valaient leur pesant d'or. Je chérirai toujours ces moments extraordinaires.

Larry James

Le petit morceau
de porcelaine

Très souvent, ma mère me demandait de dresser la table familiale avec la «belle porcelaine». Comme cela arrivait fréquemment, je ne m'étais jamais interrogée sur ses raisons. Je croyais que c'était un souhait de ma mère, un caprice passager, et je faisais ce qu'on me demandait.

Un soir, alors que je mettais le couvert, Marge, une voisine, arriva à l'improviste. Elle frappa à la porte et ma mère, occupée au fourneau, lui dit d'entrer. Marge entra dans la grande cuisine et, voyant la table si joliment dressée, remarqua: «Oh, je vois que vous attendez des invités, je reviendrai une autre fois. De toute manière, j'aurais dû téléphoner avant de venir.»

«Non, non, ça va, lui répondit ma mère. Nous n'attendons personne.»

«Pourquoi donc, dit Marge avec un regard interrogateur, la table est-elle dressée avec la belle porcelaine? J'utilise la mienne à peine deux fois par année, et encore.»

«Parce que, répondit ma mère avec un sourire, j'ai préparé le repas favori de ma famille. Si vous dressez votre plus belle table pour des invités importants et pour des étrangers, pourquoi ne pas le faire pour votre propre famille? Les membres de votre famille sont tout aussi spéciaux que quiconque.»

«Oui, certes, mais votre belle porcelaine sera ébréchée», répondit Marge, ne comprenant toujours pas la grande importance qu'accordait ma mère à traiter sa famille royalement.

«Et bien, dit ma mère, quelques ébréchures de porcelaine constituent un bien petit sacrifice par rapport à la
satisfaction que nous ressentons tous lorsque la famille
se réunit à la table garnie de cette jolie vaisselle. De plus,
ajouta-t-elle avec une étincelle dans les yeux, toutes ces
ébréchures ont une histoire, n'est-ce pas?» Elle regarda
Marge comme si cette femme, mère de deux enfants adultes, devait connaître ces choses.

Maman se dirigea vers l'armoire et prit une assiette.
En la tenant, elle dit: «Tu vois cette ébréchure? J'avais
17 ans lorsque c'est arrivé. Je ne l'oublierai jamais.» Ma
mère parla d'une voix plus douce, semblant se rappeler
une autre époque. «Un jour d'automne, mes frères eurent
besoin d'aide pour rentrer les dernières meules de foin.
Mes parents embauchèrent donc un beau jeune homme
bien fort pour les aider. Ma mère m'avait demandé d'aller
au poulailler ramasser des œufs. C'est là que je vis
l'homme pour la première fois. Je m'arrêtai et je le regardai pendant un moment soulever de grosses balles de foin
vert par-dessus son épaule et les lancer avec aisance dans
le fenil. Je vous le dis, c'était un homme splendide: mince,
une taille fine avec des bras puissants et des cheveux
épais et brillants. Il dut sentir ma présence parce qu'il
s'arrêta, une balle de foin suspendue dans les airs, me
regarda et sourit simplement. Il était incroyablement
beau», dit-elle doucement, en passant son doigt sur
l'assiette, comme pour une caresse.

«Je crois bien que mes frères se prirent d'affection
pour lui puisqu'ils l'invitèrent à dîner avec nous. Lorsque
mon frère aîné lui indiqua de s'asseoir près de moi à la
table, j'en défaillis presque. Comme il m'avait vue le
regarder avec intensité, vous pouvez vous imaginer à
quel point j'étais embarrassée. Voilà qu'il était assis à
côté de moi. Sa présence me troublait, j'étais muette, le
regard rivé à la table.»

Se rappelant soudain qu'elle racontait une histoire devant sa fillette et la voisine, maman rougit et passa vite à la conclusion. «De toute façon, il me tendit son assiette et me demanda de le servir. J'étais si nerveuse que j'avais les mains moites et tremblantes. Lorsque je pris son assiette, je l'échappai et elle heurta la casserole, faisant voler un éclat.»

«Eh bien, dit Marge, je dirais que c'est un souvenir que j'essaierais d'oublier.»

«Au contraire, rétorqua ma mère. Un an plus tard, j'épousais cet homme merveilleux. Et depuis, chaque fois que je vois *cette* assiette, je me rappelle avec tendresse le jour où je l'ai rencontré.» Avec soin, elle remit l'assiette dans le placard — derrière les autres, à la place qui lui était réservée et, voyant que je la regardais fixement, elle me fit un clin d'œil.

Consciente que l'histoire passionnée qu'elle venait de raconter ne représentait rien pour Marge, ma mère prit rapidement une autre assiette, cette fois, une qui avait été cassée et réparée avec soin, morceau par morceau, avec des gouttes de colle versées sur les joints craquelés. «Cette assiette a été brisée le jour où nous sommes rentrés de l'hôpital avec notre nouveau-né, Mark, dit ma mère. Quel jour froid et venteux c'était! Essayant de se rendre utile, ma fille de six ans échappa l'assiette en voulant la mettre dans l'évier. Au début, j'étais contrariée, puis je me dis que c'était juste une assiette après tout et je ne permettrais pas à une assiette de gâcher le bonheur d'accueillir notre nouveau bébé au sein de la famille. Si ma mémoire est bonne, nous eûmes beaucoup de plaisir pendant tout le temps qu'il nous fallut pour la recoller.»

J'étais *convaincue* que ma mère avait d'autres histoires à raconter sur son service de porcelaine.

Plusieurs jours s'écoulèrent, et je n'arrivais pas à oublier *cette fameuse* assiette. Elle était devenue spéciale, même si c'était seulement parce que maman l'avait rangée soigneusement *derrière* les autres. Il y avait quelque chose à propos de cette assiette qui m'intriguait et cette pensée me trottait dans la tête.

Quelques jours plus tard, ma mère se rendit en ville pour faire l'épicerie. Comme d'habitude, je devais surveiller les autres enfants pendant son absence. Dès que la voiture recula dans l'allée, je fis ce que je faisais toujours pendant les dix premières minutes où ma mère était partie. Je courus dans la chambre de mes parents (c'était interdit!), tirai une chaise, ouvris le premier tiroir de la commode et fouillai à l'intérieur, comme je l'avais fait tant de fois auparavant. Là, au fond, sous les dessous soyeux et parfumés, se trouvait un petit écrin carré en bois. Je le pris et l'ouvris. À l'intérieur se trouvaient tous les objets habituels: la bague à rubis rouge que tante Hilda, sa tante favorite, avait laissée à ma mère; une paire de boucles d'oreilles faites de perles fines que ma grand-mère avait reçues de son époux le jour de son mariage; et la fine alliance de ma mère, qu'elle retirait souvent lorsqu'elle devait aider son mari dans les corvées extérieures.

Enchantée encore une fois par ces souvenirs, je fis ce que toutes les petites filles rêvent de faire: je les essayai, me remplissant l'esprit d'images de ce que je croyais être la vie d'adulte, du désir d'être une aussi belle femme que ma mère et de posséder des bijoux aussi précieux. Je ne pouvais attendre d'être assez grande pour obtenir un tiroir juste à moi et pour claironner bien haut que *personne* ne devait l'ouvrir!

Ce jour-là, je ne m'arrêtai pas trop longtemps à ces pensées. Je retirai du fond de la petite boîte la pièce de feutre rouge qui séparait les bijoux d'un morceau de porcelaine blanche — lequel n'avait absolument rien représenté pour moi jusque-là. Je retirai le morceau de la boîte, le mis sous la lumière pour l'examiner plus attentivement et, me fiant à mon instinct, courus vers l'armoire de la cuisine, tirai une chaise pour grimper et pris l'assiette. Comme je l'avais imaginé, le morceau — rangé soigneusement sous les trois uniques souvenirs que ma mère possédait — appartenait bien à l'assiette qu'elle avait brisée le jour où elle avait posé les yeux sur mon père pour la première fois.

Plus avisée maintenant, et avec un infini respect, je replaçai prudemment le morceau sacré sous les bijoux, avec la pièce de tissu qui lui servait de protection. Maintenant, je savais assurément que la porcelaine était pour ma mère le symbole des nombreuses histoires d'amour de sa famille, dont la plus mémorable était sans aucun doute celle rattachée à *cette* assiette qu'elle voulait transmettre en héritage. Avec ce morceau commença une histoire d'amour qui dépasse toutes les autres et qui en est au 53e chapitre; en effet, mes parents sont mariés depuis 52 ans!

Une de mes sœurs demanda à ma mère si un jour la bague de rubis antique pouvait lui revenir, et mon autre sœur fit part de ses prétentions sur les perles de ma grand-mère. Je suis d'accord pour que mes sœurs reçoivent ces beaux trésors de famille. Quant à moi, j'aimerais le souvenir qui représente le commencement de la vie amoureuse extraordinaire d'une femme hors de l'ordinaire. J'aimerais recevoir ce petit morceau de porcelaine.

Bettie B. Youngs

Du courage

Chaque expérience qui vous amène à affronter véri-
tablement la peur décuple votre force, votre sagesse
et votre confiance... Vous devez toujours vous sur-
passer.

Eleanor Roosevelt

Elle s'appelle Nikki et elle habite plus bas dans ma
rue. Cette jeune fille a été ma source d'inspiration pendant un grand nombre d'années. Son histoire m'a ému et
dans les moments difficiles, je pense à son courage.

Tout débuta par un rapport médical, au moment où
Nikki commençait son secondaire. Ce que sa famille
redoutait le plus arriva. Le diagnostic: la leucémie. Les
quelques mois qui suivirent furent remplis de visites
régulières à l'hôpital. On la tâta dans tous les sens, on lui
fit des piqûres partout, elle subit des centaines d'exa-
mens. Puis vint la chimiothérapie. Et avec celle-ci, une
chance de lui sauver la vie, mais aussi la perte de ses cheveux. Pour une fille de son âge, perdre ses cheveux est
une chose terrible. Les cheveux ne repoussaient pas. La
famille commençait à s'inquiéter.

Cet été-là, avant le retour en classe, elle acheta une
perruque. Cette coiffure était inconfortable et lui donnait
des démangeaisons, mais elle la portait quand même.
Très populaire, Nikki avait toujours eu beaucoup d'amis
parmi les élèves de l'école. Elle était championne dans
plusieurs disciplines sportives et était toujours entourée
d'autres jeunes, mais les choses semblèrent changer tout
à coup. Elle avait l'air bizarre, et vous savez comment
sont les enfants. En fait, je crois qu'ils sont comme nous
autres. Parfois, nous cherchons à rire et faisons certaines

choses, même si elles blessent les autres. Pendant les deux premières semaines de classe, on lui arracha sa perruque par derrière une demi-douzaine de fois. Elle s'arrêtait, se penchait, tremblante de peur et d'embarras, remettait sa perruque, essuyait ses larmes et retournait en classe, se demandant toujours pourquoi personne ne se portait à sa défense.

Cela se poursuivit pendant deux longues semaines d'enfer. Elle dit à ses parents qu'elle n'en pouvait plus. Ils lui répondirent: «Tu peux rester à la maison, si tu veux». Vous comprenez, si votre fille se meurt pendant ses études en secondaire, vous ne vous préoccupez pas de savoir si elle obtiendra son diplôme. La voir heureuse et lui donner une chance de trouver la paix est tout ce qui importe.

Nikki me dit que perdre ses cheveux n'était rien. Elle pouvait l'accepter. Elle disait même que perdre la vie ne la dérangeait pas tellement. «Je peux l'accepter aussi, disait-elle, mais sais-tu ce que signifie perdre ses amis? Marcher dans le hall et voir le groupe de copains s'ouvrir comme la mer Rouge parce que tu arrives; aller à la cafétéria le jour de la pizza et les voir se lever alors que leur assiette est encore à moitié pleine? Ils ont beau dire qu'ils n'ont pas faim, tu sais qu'ils s'en vont parce que tu es assise là. Sais-tu ce que cela représente lorsque personne ne veut s'asseoir à côté de toi pendant le cours de math et que tes voisins de casier changent de place et rangent leurs livres dans le casier de quelqu'un d'autre? Tout cela parce qu'ils pourraient se retrouver à côté de la fille à la perruque, celle qui a une drôle de maladie. Ce n'est même pas contagieux. Je ne peux pas la leur transmettre. Ne savent-ils pas que, plus que jamais, j'ai besoin de mes amis? Oh, oui, dit-elle, mourir n'est rien quand tu crois en Dieu et que tu sais exactement où tu passeras l'éternité. Perdre tes cheveux n'est rien non plus, mais perdre tes amis est réellement dévastateur.»

Elle avait prévu rester à la maison, mais quelque chose se produisit au cours de la fin de semaine. Elle entendit parler de deux garçons: l'un finissant son cours primaire, l'autre commençant son secondaire. Leur histoire lui donna le courage de continuer.

Le garçon du secondaire était originaire de l'Arkansas et bien que la chose ne fut pas très populaire, il avait glissé son Nouveau Testament dans son sac et l'avait apporté à l'école. Trois garçons s'approchèrent de lui, lui arrachèrent la Bible et lui dirent: «Tu es une poule mouillée. La religion est pour les poules mouillées. Ne ramène jamais ta Bible à l'école.» Apparemment, il tendit la Bible au plus grand et dit: «Tiens, voyons si tu as assez de courage pour garder ce livre à l'école toute une journée.» On rapporta qu'il s'était fait trois amis.

L'autre histoire qui inspira Nikki était celle du garçon du primaire appelé Jimmy Masterdino. Il était jaloux de la Californie parce que cet État possédait une devise, «Eurêka!» L'Ohio n'en ayant pas, il proposa une courte phrase qui avait le pouvoir de changer toute une vie. À lui seul, il réussit à obtenir suffisamment de signatures et déposa sa pétition devant la législature de l'État. Aujourd'hui, grâce à ce garçon, la devise officielle de l'Ohio est «Avec Dieu, tout est possible».

Forte de son courage retrouvé et d'une nouvelle inspiration, le lundi matin suivant, Nikki mit sa perruque, revêtit ses plus beaux vêtements, puis dit à son père et à sa mère: «Je retourne à l'école aujourd'hui. J'ai quelque chose à faire. Je dois me convaincre de quelque chose.» Ses parents ne comprenaient pas ce qu'elle voulait dire et étaient inquiets. Craignant le pire, ils la conduisirent à l'école. Chaque jour, depuis plusieurs semaines, Nikki embrassait ses parents avant de descendre de la voiture. Aussi impopulaire que cela puisse être et malgré les railleries et les sarcasmes de nombreux jeunes, elle ne s'en était jamais laissé imposer. Aujourd'hui, c'était différent. Elle embrassa ses parents, mais en descendant de voiture, elle se retourna tranquillement et dit: «Maman, papa, devinez ce que je vais faire aujourd'hui?» Ses yeux se remplissaient de larmes, des larmes de joie et de courage. Certes, elle avait peur de l'inconnu, mais elle avait une bonne raison. Ses parents demandèrent: «Quoi, chérie?» Elle répondit: «Aujourd'hui, je saurai qui est ma meilleure amie. Aujourd'hui, je saurai qui sont mes véritables amis.» En disant cela, elle arracha sa perruque et la laissa sur la banquette arrière, puis ajouta: «Ils m'accepteront comme je suis, papa, ou ils ne m'accepteront pas. Je n'ai plus beaucoup de temps. Je dois savoir qui ils sont aujourd'hui.» Elle commença à marcher, fit deux pas puis se retourna en disant: «Priez pour moi.» Ils répondirent: «Oui, nous prions pour toi, chérie.» Et comme elle se dirigeait vers les 600 jeunes, elle entendit son père dire: «C'est bien ma fille.»

Un miracle se produisit ce jour-là. Elle traversa la cour, entra dans l'école et personne, aucune grande gueule, aucune petite brute ne se moqua de la courageuse jeune fille. Nikki a enseigné à des milliers de gens que le fait d'être soi-même, d'utiliser les talents que Dieu nous a donnés et de défendre ce qui nous semble juste, même au milieu de l'incertitude, de la douleur, de la peur et de la persécution, est la seule véritable manière de vivre.

Nikki a depuis obtenu son diplôme du secondaire. Le mariage qui ne devait jamais se produire eut lieu quelques années plus tard et Nikki est aujourd'hui l'heureuse maman d'une petite fille qui porte le même nom que la mienne, Emily. Chaque fois que je me retrouve devant quelque chose qui me semble impossible, je pense à Nikki et je reprends courage.

Bill Sanders

Soyez vous-même

Dans le monde à venir, nul ne devrait me demander: «Pourquoi n'es-tu pas Moïse?», mais bien: «Pourquoi n'es-tu pas Zusya?»

Rabbin Zusya

Depuis ma tendre enfance, je n'ai jamais voulu être moi. Je voulais être comme Billy Widdledon, et Billy Widdledon ne m'aimait même pas. Je marchais comme lui; je parlais comme lui; et je m'inscrivis à la même école secondaire que lui.

Ce qui fit que Billy Widdledon changea. Il commença à se tenir avec Herby Vandeman; il marchait comme Herby Vandeman; il parlait comme Herby Vandeman. À cause de lui, je ne savais plus où j'en étais! Je commençai à marcher et à parler comme Billy Widdledon, qui marchait et parlait comme Herby Vandeman.

Et puis, tout à coup, je compris que Herby Vandeman marchait et parlait comme Joey Haverlin. Et Joey Haverlin marchait et parlait comme Corky Sabinson.

Me voilà à marcher et à parler comme Billy Widdledon, imitant Herby Vandeman, qui copiait Joey Haverlin, qui lui-même essayait de marcher et de parler comme Corky Sabinson. Et comme qui pensez-vous que Corky Sabinson tentait toujours de marcher et de parler? Je vous le donne en mille, Dopey Wellington — cette petite peste qui marchait et parlait comme moi!

Auteur inconnu, soumis par Scott Shuman

• • • • •

Le président Calvin Coolidge invita une fois des amis de sa ville natale à dîner à la Maison-Blanche. Inquiets de leurs manières à la table, les invités décidèrent de copier exactement tout ce que ferait Coolidge. Cette stratégie eut du succès jusqu'au moment du café. Le président versa son café dans sa soucoupe. Les invités l'imitèrent. Coolidge ajouta de la crème et du sucre. Ses invités firent de même. Puis Coolidge se pencha et plaça la soucoupe sur le sol à l'intention de son chat.

Erik Oleson

• • • • •

Vous n'avez pas à être votre mère à moins que celle-ci ne soit la personne que vous voulez être. Vous n'avez pas à être votre grand-mère ni votre arrière-grand-mère, maternelle ou paternelle. Vous pouvez avoir hérité de son menton, de ses hanches ou de ses yeux, mais votre destin n'est pas de devenir une des femmes qui vous ont précédées. Votre destin n'est pas de vivre leur vie. Ainsi, si vous devez hériter de quelque chose, choisissez d'hériter de leur courage, de leur résistance. Parce que la seule personne que vous êtes destinée à devenir est la personne que vous déciderez d'être.

Pam Finger

• • • • •

Lorsque je gagnerai le championnat, je laisserai pousser ma barbe, j'enfilerai mes vieux jeans, je mettrai mon vieux chapeau et je marcherai sur une vieille route de campagne, là où personne ne sait qui je suis, jusqu'à ce que je rencontre une jolie jeune fille qui ne connaît pas mon nom et qui m'aime simplement pour ce que je suis. Puis je la ramènerai chez moi, dans ma luxueuse maison surplombant mon vaste développement immobilier, et je lui montrerai toutes mes Cadillac et la piscine intérieure, utilisée en cas de pluie, et je lui dirai: «Tout cela est à toi, ma chérie, parce que tu m'as aimé pour ce que je suis.»

Muhammad Ali

Je ne désespère pas
des jeunes d'aujourd'hui

Parfois, lorsque je prends l'avion entre deux conférences, je me retrouve assis à côté d'une personne plus volubile que les autres. C'est souvent très agréable pour moi parce que je suis un éternel observateur des gens qui m'entourent. J'apprends tant de choses en observant et en écoutant les personnes que je vois et que je rencontre tous les jours. J'ai entendu des histoires sur la tristesse, d'autres sur la joie, sur la peur et sur le ravissement, d'autres encore qui n'ont rien à envier à celles que l'on présente aux émissions-débats télévisées.

C'est triste à dire, mais il m'arrive parfois d'être assis à côté d'une personne qui souhaite uniquement décharger sa bile ou imposer ses opinions politiques à un auditoire captif pendant 800 kilomètres. C'était une de ces journées. Je m'installai avec résignation, alors que mon voisin de siège se lançait dans sa dissertation sur le terrible état du monde, en commençant par le vieux cliché : «Vous savez, les enfants d'aujourd'hui sont...» Il poursuivit de plus belle, me faisant part de notions vagues sur les adolescents et les jeunes adultes d'aujourd'hui, puisées à même une écoute plutôt sélective des bulletins de nouvelles de dix-huit heures.

Lorsque je descendis enfin de l'avion et me rendis à mon hôtel d'Indianapolis, j'allai m'installer pour dîner et plaçai le journal local que je venais d'acheter à côté de moi. Là, sur une des pages se trouvait un article qui aurait dû figurer à la une.

Dans une petite ville de l'Indiana, un jeune garçon de 15 ans souffrant d'une tumeur au cerveau recevait de la radiothérapie et de la chimiothérapie. Les traitements lui avaient fait perdre tous ses cheveux. Je ne sais pas ce qu'il en est de vous, mais je sais ce que j'aurais ressenti à cet âge — j'aurais été mortifié!

Les copains de classe du jeune homme étaient venus à la rescousse: tous avaient demandé à leur mère s'ils pouvaient se raser la tête pour que Brian ne soit pas le seul garçon chauve de l'école. On pouvait voir, sur cette page, la photo d'une mère en train de raser la tête de son fils, sous les yeux approbateurs du reste de la famille avec, en arrière-plan, un groupe de jeunes hommes également chauves.

Non, je ne désespère pas des jeunes d'aujourd'hui.

Hanoch McCarty, Ed.D.

La fleur

«J'ai un grand nombre de fleurs», dit-il, «mais les enfants sont les plus belles fleurs d'entre toutes.»

Oscar Wilde

Pendant un certain temps, quelqu'un m'a donné, chaque dimanche, une rose que je portais à la boutonnière de mon complet. Comme je recevais toujours une fleur le dimanche, je ne m'y arrêtais pas vraiment. C'est un geste que j'appréciais, mais qui faisait partie de la routine. Or, un dimanche, ce que je considérais comme ordinaire devint très spécial.

En quittant la messe, un jeune garçon s'approcha et s'adressa directement à moi: «Monsieur, qu'allez-vous faire avec votre fleur?» Au début, je ne saisissais pas ce qu'il voulait dire, puis je compris.

Je dis: «Tu veux dire ceci?» en indiquant la rose fixée à mon manteau.

Il répondit: «Oui, monsieur, j'aimerais l'avoir si vous avez l'intention de la jeter.» À ce moment, je souris et lui dis qu'il pouvait l'avoir; je lui demandai simplement ce qu'il comptait en faire. Le petit bonhomme, âgé d'à peine 10 ans, me regarda et dit: «Monsieur, je vais l'offrir à ma grand-mère. Ma mère et mon père ont divorcé l'an dernier et je vivais avec ma mère. Lorsqu'elle s'est remariée, elle a voulu que j'aille vivre avec mon père. C'est ce que j'ai fait pendant un moment, mais il a fini par dire que je ne pouvais pas rester et il m'a envoyé chez ma grand-mère. Elle est très bonne pour moi. Elle cuisine pour moi et prend soin de moi. Elle est tellement bonne pour moi que je veux lui donner cette belle fleur simplement parce qu'elle m'aime.»

Quand le petit garçon termina son histoire, je pouvais à peine parler. Mes yeux se remplirent de larmes et je savais que j'avais été touché au plus profond de mon âme. Je détachai la fleur et, la tenant dans ma main, je regardai le garçon et lui dit: «Fiston, c'est la chose la plus gentille qu'il m'ait été donné d'entendre, mais tu ne peux pas avoir cette fleur parce que ce n'est pas suffisant. Si tu vas devant la chaire, tu trouveras un gros bouquet de fleurs. Diverses familles les achètent pour l'église chaque semaine. Prends ces fleurs et offre-les à ta grand-mère parce qu'elle mérite ce qu'il y a de mieux.»

Comme si je n'étais pas suffisamment ému, il ajouta une dernière remarque que j'apprécierai toujours: «Quelle merveilleuse journée! J'ai demandé une fleur et j'ai obtenu un magnifique bouquet.»

le pasteur John R. Ramsey

● ● ● ● ●

C'est l'action et non le fruit de l'action qui importe. Vous devez faire ce qui est juste. Il n'est peut-être pas en votre pouvoir, peut-être pas en votre temps, qu'il y ait des fruits. Toutefois, cela ne signifie pas que vous deviez cesser de faire ce qui est juste. Vous ne saurez peut-être jamais ce qui résultera de votre geste, mais si vous ne faites rien, il n'en résultera rien.

Gandhi

Soyez généreux et faites un beau geste

Il s'agit d'un slogan qui se répand clandestinement à l'échelle du pays.

Par un jour frisquet d'hiver, à San Francisco, une femme conduisant une Honda rouge, dont la banquette arrière était couverte de cadeaux de Noël, se dirigea vers le poste de péage du pont enjambant la baie. «Je paie pour moi et pour les six automobilistes derrière moi», dit-elle avec un sourire, en tendant sept billets de passage.

Les uns après les autres, les six conducteurs suivants arrivèrent au péage, argent en main, pour s'entendre dire: «Une femme a déjà payé votre droit de passage. Bonne journée.»

Il semble que la conductrice de la Honda avait lu cette phrase sur un carton collé sur le réfrigérateur chez une amie: «Soyez généreux et faites un beau geste.» La phrase avait attiré son attention, et elle l'avait recopiée.

Judy Foreman aperçut la même phrase sur le mur d'un entrepôt à environ 150 kilomètres de chez elle. Comme la phrase lui était restée à l'esprit pendant des jours, elle finit par retourner sur place pour la prendre en note. «Je la trouvais incroyablement belle», rapporta-t-elle, expliquant pourquoi elle avait commencé à l'écrire au bas de toutes ses lettres, «comme un message venant du ciel».

Son mari Frank, professeur au niveau secondaire, aimait tant la phrase qu'il l'avait reproduite sur le mur de sa classe pour la faire connaître à ses élèves parmi lesquels se trouvait la fille d'une chroniqueuse. La journaliste l'écrivit dans son journal, avouant l'aimer tout en ne sachant pas d'où elle provenait ni ce qu'elle signifiait véritablement.

Deux jours plus tard, elle entendit parler d'Anne Herbert. Grande blonde dans la quarantaine, Anne vivait à Marin, un des dix comtés les plus riches du pays, où elle s'occupait des résidences durant l'absence des propriétaires, travaillait ici et là et se débrouillait. C'était dans un restaurant de Sausalito qu'Anne avait écrit la phrase sur un napperon de papier, après l'avoir retournée dans sa tête pendant des jours.

«C'est merveilleux!», dit un homme assis tout près et il la copia soigneusement sur son propre napperon.

«L'idée est la suivante, dit Anne. Quand vous croyez qu'une chose devrait se produire plus souvent, faites-la, spontanément.»

Voici quelques-unes de ses propres fantaisies: 1) s'introduire dans une école terne et déprimante pour repeindre les classes; 2) déposer des repas chauds sur les tables des maisons du secteur pauvre de la ville; 3) glisser de l'argent dans le sac d'une vieille dame fière. Selon Anne, «la gentillesse engendre la gentillesse, tout autant que la violence engendre la violence».

Aujourd'hui, la phrase se répand; on la trouve sur des pare-chocs de voitures, sur les murs, au bas des lettres et des cartes d'affaires. Et à mesure qu'elle se répand, se répand également une guérilla de bonté.

À Portland, en Oregon, un homme met une pièce dans un parcomètre voisin juste à temps. À Patterson, au New Jersey, une douzaine de personnes armées de balais, de seaux et de bulbes de tulipes arrivent sans crier gare dans une maison délabrée et la nettoient de fond en comble pendant que les propriétaires, frêles et âgés, les regardent, émerveillés et souriants. À Chicago, un adolescent déneige l'entrée d'une demeure quand l'envie lui en prend. «Et puis quoi, personne ne me regarde», pense-t-il, «pourquoi ne pas nettoyer l'entrée voisine aussi.»

C'est une anarchie positive, un beau désordre, une émeute en douceur. Une femme de Boston écrit «Joyeux Noël!» au verso de son chèque à l'intention des caissiers. Un homme de St. Louis, dont l'automobile vient d'être tamponnée, salue de la main la jeune femme coupable en disant: «Ce n'est qu'une égratignure. Ne vous en faites pas.»

Les beaux gestes se répandent: un homme plante des jonquilles le long de la route, sa chemise agitée par la brise que soulèvent les voitures. À Seattle, un homme prend sur lui d'agir comme surveillant de l'environnement et parcourt les trottoirs de béton en ramassant les déchets dans un chariot de supermarché. À Atlanta, un homme nettoie les graffitis dessinés sur un banc de parc.

On dit qu'il est impossible de sourire sans s'encourager un peu soi-même — c'est ainsi que vous ne pouvez faire une gentillesse sans avoir le sentiment que vos propres problèmes sont un peu moins lourds, ne serait-ce que parce que le monde est devenu un endroit un peu plus agréable.

Et vous ne pouvez être bénéficiaire d'un beau geste sans ressentir un choc, un soubresaut agréable. Si vous étiez de ces conducteurs qui ont vu leur droit de passage payé pendant l'heure de pointe, qui sait ce que ce geste vous aurait incité à faire plus tard pour quelqu'un d'autre? Un signe de la main pour donner le droit de passage à l'intersection? Un sourire à un commis fatigué? Ou quelque chose de plus important, de plus grand? Comme toutes les révolutions, la bonté commence lentement, par un seul geste. Que ce soit le vôtre.

Adair Lara

Le cœur

Les meilleures et les plus belles choses ne peuvent être vues ni touchées... On peut simplement les ressentir au plus profond de son cœur.

Helen Keller

Mon épouse et moi nous sommes séparés à la fin de décembre et, comme vous pouvez vous y attendre, janvier fut très difficile pour moi. Pendant une séance de thérapie destinée à m'aider à surmonter le bouleversement émotif issu de la séparation, je demandai à ma thérapeute de me suggérer quelque chose qui pourrait m'aider dans ma nouvelle vie. Je ne savais pas si elle accepterait et, le cas échéant, je n'avais aucune idée de ce qu'elle pourrait me proposer.

J'étais heureux parce qu'elle accepta spontanément et, comme je m'y attendais, elle me donna une chose tout à fait inattendue! Elle me tendit un petit cœur, fait de pâte à modeler et peint de jolies couleurs brillantes. C'était un de ses anciens patients qui le lui avait donné, un homme qui avait vécu un divorce et qui, comme moi, éprouvait de la difficulté à vivre avec ses émotions. Elle ajouta que je ne pouvais le garder de façon permanente, mais uniquement jusqu'à ce que je retrouve mon propre cœur. Alors je devrais le lui rendre. Je compris qu'elle me donnait ce cœur comme objectif visuel ou comme représentation matérielle de ma propre recherche d'une vie émotive plus riche. Je l'acceptai en attendant des liens émotifs plus profonds.

J'étais bien loin de me douter de la vitesse à laquelle ce cadeau merveilleux ferait ses preuves.

Après la séance, je plaçai le cœur soigneusement sur le tableau de bord de ma voiture et me rendit cueillir ma fille Juli-Ann; c'était la première fois qu'elle allait passer la nuit dans ma nouvelle maison. Comme elle montait dans la voiture, elle fut immédiatement attirée par le cœur; elle le prit et l'examina en me demandant ce que c'était. Je ne savais pas si je devais lui expliquer l'ensemble du contexte psychologique; après tout, elle n'était encore qu'une enfant. Cependant, je décidai de le lui dire.

«C'est un cadeau de ma thérapeute pour m'aider à traverser un moment difficile, mais c'est un prêt, jusqu'à ce que je retrouve mon propre cœur», lui expliquai-je. Juli-Ann ne fit aucun commentaire. Je me demandais si j'avais eu raison de le lui dire. À 11 ans, était-elle véritablement en mesure de comprendre? Quelle idée pouvait-elle bien avoir de l'immense gouffre que je tentais de franchir pour briser mes vieilles habitudes et tisser avec autrui des liens d'amour plus profonds et plus enrichissants?

Des semaines plus tard, alors que ma fille était de nouveau chez moi, elle me tendit, quelques jours à l'avance, mon cadeau de la Saint-Valentin: une petite boîte qu'elle avait peinte en rouge, garnie d'un ruban doré et d'un chocolat que nous partageâmes. Avec empressement, j'ouvris la jolie petite boîte. À ma surprise, j'y trouvai un cœur en pâte à modeler qu'elle avait fabriqué et peint pour moi. Je la regardai d'un air perplexe, en me demandant ce que cela signifiait. Pourquoi me donnait-elle une réplique du cadeau de ma thérapeute?

Puis, en hésitant elle me tendit une carte qu'elle avait fabriquée elle-même. Elle était embarrassée à propos de la carte, mais elle me permit finalement de l'ouvrir et de la lire. C'était un poème empreint de beaucoup plus de maturité qu'on pourrait s'attendre d'une enfant de cet âge. Elle avait vraiment compris la signification du cadeau que la thérapeute m'avait fait. Juli-Ann m'avait écrit le poème le plus touchant et le plus tendre que j'aie jamais lu. Mes yeux se remplirent de larmes et mon cœur éclata:

Pour mon papa

Voici un cœur
Que tu peux garder
Pour le grand saut
Que tu tentes de faire.

Amuse-toi bien tout au long de ton voyage.
Il pourrait être difficile.

Et quand tu arriveras au bout du chemin,
Apprends à aimer.

Heureuse Saint-Valentin!

Avec amour, ta fille, Juli-Ann

Bien au-dessus de toute ma richesse matérielle, je considère ce poème comme mon trésor le plus précieux.

Raymond L. Aaron

Faites-le maintenant

Si nous apprenions qu'il ne nous reste que cinq minutes pour dire tout ce que nous avons voulu exprimer, toutes les cabines téléphoniques seraient occupées par des personnes en appelant d'autres pour leur dire maladroitement qu'elles les aiment.

Christopher Morley

Dans une classe où j'enseigne aux adultes, je fis récemment une chose «impardonnable». Je donnai un devoir à faire! Au cours de la semaine, l'élève devait «aller voir une personne chère et lui dire qu'il l'aimait. Il fallait que ce soit quelqu'un à qui l'élève n'avait jamais exprimé son amour ou, à tout le moins, quelqu'un à qui il ne l'avait pas exprimé depuis très longtemps.»

Cela ne semble pas être un devoir très difficile, jusqu'à ce que vous sachiez que la plupart des hommes de la classe avaient plus de 35 ans et faisaient partie de la génération à laquelle on avait inculqué qu'exprimer ses émotions ne faisait pas «macho». Manifester ses sentiments ou pleurer (le ciel m'en préserve) ne se faisait pas. Il s'agissait donc d'un devoir gênant pour quelques-uns d'entre eux.

Au début du cours suivant, je demandai si une personne voulait partager ce qui s'était passé lorsqu'elle avait déclaré à quelqu'un d'autre qu'elle l'aimait. Je m'attendais à ce qu'une femme se porta volontaire, comme c'était généralement le cas, mais ce soir-là un homme leva la main. Il semblait très ému et un peu ébranlé.

Il se leva de sa chaise (de tout son 1 m 90) et commença par préciser: «Dennis, j'étais plutôt en colère contre vous la semaine dernière quand vous nous avez donné ce devoir. Je ne croyais pas avoir quelqu'un à qui dire ces mots et, après tout, pour qui vous preniez-vous pour me demander de faire une chose aussi personnelle? Or, en retournant chez moi, la voix de ma conscience m'interpella. Elle me souligna que je savais exactement à qui je devais dire "je t'aime". Vous voyez, il y a cinq ans, mon père et moi avions eu un grave différend que nous n'avions jamais véritablement résolu. Nous évitions de nous voir à moins que ce ne soit absolument nécessaire, comme à Noël ou à des réunions de famille. Ainsi, mardi dernier, lorsque j'arrivai à la maison, je m'étais moi-même convaincu de déclarer à mon père que je l'aimais.

«Étrange, mais le simple fait d'en arriver à cette décision m'avait enlevé un grand poids sur le cœur.

«En arrivant chez moi, je me précipitai dans la maison pour annoncer à mon épouse ce que j'allais faire. Elle était déjà au lit, mais je la réveillai quand même. Quand je lui fis part de mon intention, non seulement se leva-t-elle, mais elle bondit sur moi et m'étreignit; pour la première fois depuis notre mariage, elle me vit pleurer. Nous restâmes éveillés une partie de la nuit à parler et à boire du café. C'était extraordinaire!

«Le lendemain, j'étais debout à la première heure. Mon impatience était telle que j'avais à peine dormi. Je me rendis au bureau très tôt et j'abattis plus de travail en deux heures que pendant toute la journée précédente.

«À 9 h, j'appelai mon père pour savoir si je pouvais passer après le travail. Quand il répondit au téléphone, je lui mentionnai simplement: "Papa, est-ce que je peux passer ce soir après le bureau? Je dois te dire quelque chose." Mon père répondit en grognant: "Qu'est-ce qu'il y a encore?" Je l'assurai que ça ne prendrait pas beaucoup de temps, il finit donc par accepter.

«À 17 h 30, je sonnai à la porte de mes parents, priant pour que ce soit mon père qui ouvre la porte. Je craignais, en voyant ma mère, de me dégonfler et de lui dire à elle que je l'aimais. Mais heureusement, c'est papa qui ouvrit la porte.

«Sans perdre une minute, je fis un pas dans la maison et je dis: "Papa, je suis simplement venu te dire que je t'aime."

«On aurait cru que mon père changeait. Son visage s'adoucit sous mes yeux, les rides semblèrent disparaître et il se mit à pleurer. Il me prit dans ses bras et avoua: "Je t'aime aussi mon fils, mais je n'ai jamais été capable de te le dire."

«Ce moment était si important que je n'osais pas bouger. Ma mère arriva, les larmes aux yeux. Je lui fis un signe de la main et lui envoyai un baiser. Papa et moi restâmes enlacés encore un moment, puis je partis. Il y avait longtemps que je ne m'étais pas senti aussi bien.

«Ce n'est pas tout ce que j'ai à dire. Deux jours plus tard, mon père, qui avait des problèmes cardiaques mais ne me l'avait jamais révélé, eut une attaque et se retrouva à l'hôpital, inconscient. Je ne sais pas s'il va s'en tirer.

«J'adresse donc mon message à vous tous, dans cette classe: n'attendez pas pour accomplir les choses que vous devez accomplir. Que se serait-il passé si j'avais attendu pour parler à mon père? Peut-être n'en aurai-je plus jamais la chance! Prenez le temps de faire ce que vous devez faire et *faites-le maintenant!*»

Dennis E. Mannering

Le martyre d'Andy

Andy était un gentil petit bonhomme que tout le monde aimait bien, même si on le harcelait sans cesse, simplement parce que c'était ainsi que l'on traitait Andy Drake. Il prenait bien les blagues. Il souriait, ses grands yeux semblant dire «merci, merci, merci» avec chaque battement de cils.

Pour nous en fin de cours primaire, Andy était notre exutoire, notre bouc émissaire. Il semblait d'ailleurs reconnaissant d'avoir à payer ce prix pour appartenir à notre groupe.

Andy Drake y mange pas d'gâteau,
Et sa sœur a mange pas d'tarte,
S'y avait pas l'aide sociale,
Y seraient tous morts les Drake.

Andy semblait même apprécier cette parodie psalmodiée d'une chanson populaire. Quant à nous, nous l'aimions bien, fautes comprises.

Ne me demandez pas pourquoi Andy devait endurer ce traitement particulier pour mériter notre amitié et faire partie de notre groupe. C'était arrivé tout naturellement — sans vote ni discussion.

Je ne me rappelle pas que nous ayons jamais mentionné le fait que le père d'Andy était en prison ni que sa mère faisait des lavages et recevait des hommes chez elle. Ou qu'Andy avait toujours les chevilles, les coudes et les genoux sales et que son vieux manteau était beaucoup trop grand. Nous nous en étions lassés très vite. Andy ne rendait jamais les coups.

Le snobisme s'affirme même chez les très jeunes. Il est clair maintenant par l'attitude de chacun que nous appartenions de droit au groupe, tandis qu'Andy était un membre toléré.

Malgré tout, nous aimions Andy, jusqu'à ce jour-là — jusqu'à ce moment précis.

«Il est différent! Nous n'en voulons pas, n'est-ce pas?»

Lequel d'entre nous avait dit cela? Je voulus blâmer Randolph pendant toutes ces années, mais je ne peux honnêtement dire lequel de nous prononça ces mots qui déclenchèrent une barbarie latente en chacun de nous. Qui? Cela importe peu puisque la ferveur avec laquelle nous nous étions ralliés révélait notre vrai visage.

«Je ne voulais pas faire ce que nous avons fait.»

Pendant des années, je tentai de me consoler en me répétant cette phrase. Puis, un jour, je tombai sur ces mots que je n'appréciais pas mais qui étaient irréfutables, et qui m'ont convaincu pour toujours:

Les coins les plus brûlants de l'enfer sont réservés à ceux qui, pendant un moment de crise, restent neutres.

La fin de semaine s'annonçait comme plusieurs autres que le groupe avait vécues ensemble. Après l'école, un vendredi, nous devions nous rencontrer chez un des membres — chez moi, cette fois — pour partir en camping dans les bois avoisinants. Nos mères, qui faisaient la plus grande partie des préparatifs pour ces «safaris», avaient préparé un sac de plus pour Andy, lequel devait nous rejoindre après ses corvées.

Nous dressâmes vite notre campement, loin des jupes de nos mères. Forts de notre courage amplifié par celui du groupe, nous étions maintenant des «hommes» luttant contre la jungle.

Puisqu'il s'agissait de ma petite fête, les autres me dirent que je devais être celui qui passerait le message à Andy!

Moi? Moi qui avais toujours cru qu'Andy m'estimait un peu plus que les autres puisqu'il me suivait comme un chien de poche? Moi qui avais l'impression de lire dans ses grands yeux l'amour et l'appréciation qu'il me manifestait?

Je vois encore Andy avançant vers moi sous le couvert des arbres qui laissaient à peine filtrer à travers les feuilles la lumière de fin d'après-midi pour former des motifs de kaléidoscope sur son vieux coton ouaté sale. Andy chevauchait sa bicyclette rouillée — une étrange bicyclette où des sections de boyau d'arrosage attachées avec du fil de fer remplaçaient les pneus. Il semblait plus surexcité et plus heureux que jamais, ce gentil petit bon-homme qui avait toujours été adulte. Je savais qu'il savourait le fait de faire partie du groupe, la première chance d'appartenir enfin à quelque chose, de s'amuser «entre gars», de faire des «choses de gars».

Andy me fit un signe de la main pendant que je l'attendais dans la clairière. Je ne répondis pas à son salut joyeux. Avec entrain, il sauta de son étrange bicy-clette et courut vers moi, tout heureux. Les autres, cachés sous la tente, restaient tranquilles, mais je sentais leur appui.

Pourquoi n'est-il jamais sérieux? Ne peut-il voir que je ne lui renvoie pas sa gaieté? Ne peut-il se rendre compte que ses bavardages restent sans réponse?

Puis, soudain, il s'en rendit compte! Son expression innocente prit encore de l'ampleur, le laissant complète-ment vulnérable. Tout en lui disait: «Ce sera très dur, n'est-ce pas, Ben? Vas-y.» Sans aucun doute habitué aux déceptions, il ne se raidit même pas pour recevoir le coup. De toute manière, Andy ne rendait jamais les coups.

Incrédule, je m'entendis dire: «Andy nous ne voulons pas de toi».

La vitesse étonnante avec laquelle deux grosses larmes apparurent dans les yeux d'Andy me hante toujours. Le souvenir est toujours aussi présent parce que j'ai revécu cette scène un million de fois. Le regard que me jeta Andy — figé pendant un temps qui m'a semblé interminable — qu'est-ce que c'était? Ce n'était pas de la haine. Le choc? L'incrédulité? Ou la pitié — envers moi?

Ou le pardon?

Enfin, un tremblement furtif apparut sur les lèvres d'Andy pendant qu'il se retournait sans protester, sans aucun appel, pour reprendre, seul dans le noir, le long chemin qui le mènerait chez lui.

Comme je pénétrais sous la tente, quelqu'un — le dernier d'entre nous à ressentir la véritable importance du moment — commença à fredonner la vieille ritournelle:

Andy Drake y mange pas d'gâteau,
Et sa sœur...

C'était donc unanime! Sans vote, sans un mot, nous le savions tous. Nous savions que nous avions fait quelque chose d'horrible, de très cruel. Nous étions envahis par les retombées des douzaines de leçons et de sermons. Nous entendions tous pour la première fois «Ce que vous faites au plus petit d'entre eux...»

Dans cet instant de silence lourd, nous avions compris une chose qui était nouvelle pour nous, mais qui resterait éternellement gravée dans notre esprit. Nous avions détruit un être à l'image de Dieu avec la seule arme contre laquelle il était sans défense — le rejet — et nous n'avions pas d'excuse.

Comme Andy fréquentait l'école très irrégulièrement, il est difficile de dire exactement quand il cessa d'y venir; mais un jour je compris qu'il ne reviendrait jamais. J'avais passé trop de jours à me débattre pour trouver et peaufiner une façon de lui dire à quel point j'étais totalement consumé par la honte, à quel point j'étais désolé et le suis toujours. Je sais maintenant que si j'avais pris Andy dans mes bras, si j'avais pleuré avec lui et respecté son long silence, cela aurait suffit. Nous aurions été guéris tous les deux.

Je n'ai jamais revu Andy Drake. Je ne sais ni où il est parti ni où il est aujourd'hui, s'il est toujours en vie.

Pourtant, dire que je n'ai jamais revu Andy n'est pas tout à fait exact. Pendant toutes les décennies qui se sont écoulées depuis ce jour d'automne dans un boisé, j'ai rencontré des milliers d'Andy Drake. Ma conscience place le masque d'Andy sur tous les visages des personnes défavorisées que je rencontre. Elles me fixent toutes avec ce même regard obsédant, rempli d'espoir, qui s'est imprimé dans mon esprit ce jour-là, il y a longtemps.

Cher Andy Drake,

La chance que tu voies ces mots est plutôt mince, mais je me dois d'essayer. Il est beaucoup trop tard pour que cette confession libère ma conscience de toute culpabilité. Je ne m'y attends pas plus que je ne le souhaite.

Je prie, mon petit ami d'autrefois, pour que tu puisses apprendre la force permanente de ton sacrifice et en être encouragé. La souffrance que tu as endurée par ma faute ce jour-là et le courage ten-

dre que tu as démontré, Dieu les a convertis et transformés en une bénédiction. De le savoir pourrait atténuer ton souvenir de cette pénible journée.

Je ne suis pas un saint, Andy, et je n'ai pas, non plus, accompli tout ce que j'aurais pu et dû accomplir au cours de ma vie. Toutefois, je veux que tu saches que je n'ai jamais consciemment trahi un autre Andy Drake et que plus jamais, Dieu entende ma prière, je ne le ferai.

Ben Burton

Le paradis et l'enfer, la véritable différence

Un homme parlait avec le Seigneur du paradis et de l'enfer. Le Seigneur dit à l'homme: «Viens, je te montrerai l'enfer.» Ils entrèrent dans une pièce où un groupe d'hommes partageaient une énorme marmite de ragoût. Chacun d'entre eux était affamé, désespéré et mourant de faim. Chacun tenait dans sa main une cuillère qui pouvait atteindre la marmite, mais chaque cuillère était munie d'une poignée beaucoup plus longue que leur propre bras, si longue qu'elle ne pouvait servir à porter le ragoût à leur bouche. La souffrance était terrible.

«Viens maintenant, je vais te montrer le paradis», dit le Seigneur après un moment. Ils entrèrent dans une autre pièce, identique à la première — la marmite de ragoût, le groupe de personnes, les mêmes longues cuillères. Pourtant tous étaient heureux et bien nourris.

«Je ne comprends pas, dit l'homme. Pourquoi sont-ils heureux ici alors qu'ils étaient misérables dans l'autre pièce et que tout est semblable?»

Le Seigneur sourit. «Ah, c'est simple, dit-Il. Ici, ils ont appris à se nourrir les uns les autres.»

Ann Landers

Le cadeau du rabbin

Je connais une histoire; il s'agit peut-être d'un mythe car, comme tous les mythes, elle comporte plusieurs versions. Aussi, l'origine de la version que je vais vous raconter est obscure. Je ne me rappelle pas si je l'ai entendue ou lue, ni où ni quand. En outre, je ne sais même pas quelles variantes j'y ai moi-même apportées. Tout ce que je sais, c'est que cette version m'est parvenue avec un titre. Elle s'appelle *Le cadeau du rabbin*.

Un ordre monastique jadis très florissant traversait des temps difficiles. Des vagues de persécutions antimonastiques aux dix-septième et dix-huitième siècles et la montée du sécularisme au dix-neuvième siècle avaient entraîné la fermeture de tous ses monastères. L'ordre était décimé au point que seuls cinq moines demeuraient dans la maison-mère en ruines: le père abbé et quatre autres religieux, tous âgés de plus de 70 ans. De toute évidence, c'était un ordre moribond.

Dans la forêt entourant le monastère, il y avait une petite hutte qu'un rabbin d'une ville voisine utilisait à l'occasion comme ermitage. Les nombreuses années de prière et de contemplation avaient rendu les vieux moines un peu devins, de sorte qu'ils savaient toujours quand le rabbin se trouvait dans son ermitage. «Le rabbin est dans la forêt, le rabbin est revenu dans la forêt» se murmuraient-ils l'un à l'autre. Comme il se rongeait les sangs au sujet de la mort imminente de son ordre, le père abbé eut l'idée de se rendre à l'ermitage et de demander au rabbin si, par hasard, il ne pouvait pas lui donner quelque conseil qui puisse sauver sa communauté.

Le rabbin souhaita au père abbé la bienvenue dans sa hutte. Mais lorsque ce dernier eut exposé l'objet de sa visite, le rabbin ne put que lui témoigner de la sympathie. «Je sais ce qu'il en est», s'écria-t-il. «Les gens ne sont plus habités par les valeurs spirituelles. C'est la même chose dans ma ville. Presque plus personne ne vient à la synagogue maintenant.» Alors le vieil abbé et le vieux rabbin pleurèrent ensemble. Puis ils lurent des passages de la Torah et parlèrent tranquillement de sujets graves. Le moment vint pour l'abbé de prendre congé de son hôte. Ils s'embrassèrent. «C'est merveilleux que nous ayons pu nous rencontrer enfin après toutes ces années», dit l'abbé. «Hélas, j'ai échoué quant à l'objet de ma visite. Ne pouvez-vous pas me donner un conseil qui puisse m'aider à sauver mon ordre moribond?»

«Non, je regrette», répondit le rabbin, «je n'ai pas de conseil à vous donner. La seule chose que je peux vous dire, c'est que le Messie est l'un d'entre vous.»

Lorsque l'abbé revint au monastère, ses frères moines se rassemblèrent autour de lui pour demander: «Eh bien, qu'a dit le rabbin?»

«Il ne pouvait pas nous aider», répondit le père abbé. «Nous n'avons fait que pleurer et lire la Torah ensemble. La seule chose qu'il m'ait dite, comme je prenais congé — une chose très mystérieuse — c'est que le Messie serait l'un de nous. J'ignore ce qu'il voulait dire.»

Au cours des jours, des semaines et des mois qui suivirent, les vieux moines réfléchirent aux paroles du rabbin, se demandant si elles avaient une signification quelconque. Le Messie est l'un de nous? A-t-il vraiment voulu dire l'un des moines ici, au monastère? Si c'est le cas, lequel? Parlait-il du père abbé? Oui, s'il visait quelqu'un, ce ne peut être que le père abbé. Il a été notre directeur pendant plus d'une génération. Par contre, il pourrait avoir voulu dire Frère Thomas. Frère Thomas est assurément un saint homme. Tout le monde sait que Frère Thomas est un être de lumière. Il ne pensait certainement pas à Frère Eldred! Eldred est parfois si grognon. Pourtant, bien qu'il soit une source d'irritation constante pour tous, tout bien considéré, Eldred a pratiquement toujours raison. Souvent, il a vraiment raison, sans équivoque. Peut-être que le rabbin voulait dire Frère Eldred. Mais sûrement pas Frère Phillip. Phillip est si passif, un rien du tout. C'est vrai que, presque mystérieusement, il a le don de toujours être là quand vous avez besoin de lui. Il apparaît comme par magie à vos côtés. Peut-être que Phillip est le Messie. Bien entendu, le rabbin ne parlait pas de moi. Il est impensable que ce soit moi. Je suis une personne bien ordinaire. Pourtant, à supposer que ce soit moi? Et si j'étais le Messie? Oh! mon Dieu, pas moi! Je ne peux pas avoir cette importance à Vos yeux, n'est-ce pas?

Au fil de leurs contemplations, les vieux moines commencèrent à se traiter les uns les autres avec le plus grand des respects, au cas bien improbable où l'un d'entre eux serait le Messie. Et au cas tout à fait improbable où chacun d'entre eux pourrait être le Messie, ils commencèrent à se traiter eux-mêmes avec un respect infini.

Comme le monastère était situé dans une forêt magnifique, des gens s'y rendaient parfois pour pique-niquer sur la pelouse, pour se promener dans ses allées, même de temps à autre pour entrer dans la chapelle en ruines et méditer. Ce faisant et sans même en être conscients, ils sentaient cette aura d'infini respect qui entourait maintenant les cinq vieux moines. Elle semblait irradier de leur personne, imprégnant toute l'atmosphère des lieux. Il y avait là quelque chose d'étrangement attirant, d'irrésistible même. Sans trop savoir pourquoi, les gens se mirent à revenir au monastère plus fréquemment pour y pique-niquer, pour y jouer, pour y prier. Ils commencèrent à amener des amis pour leur montrer cet endroit tellement extraordinaire. Et leurs amis amenèrent des amis.

Puis, quelques-uns des jeunes hommes qui visitèrent le monastère commencèrent à échanger plus longuement avec les vieux moines. Au bout d'un certain temps, l'un de ces jeunes demanda s'il pouvait se joindre à eux. Puis un autre. Et un autre. En quelques années, le monastère devint à nouveau un ordre florissant et, grâce au cadeau du rabbin, un lieu vibrant de lumière et de spiritualité dans le royaume.

M. Scott Peck

Le cadeau de grand-mère

D'aussi loin que remontent mes souvenirs, j'ai appelé ma grand-mère Gagi. «Gaga» a été le premier mot qui est sorti de ma bouche lorsque j'étais bébé, et ma fière grand-mère était persuadée que j'essayais de dire son nom. Depuis ce temps, elle est restée ma Gagi.

À la mort de mon grand-père, alors âgé de 90 ans, mes grands-parents étaient mariés depuis plus de 50 ans. Gagi ressentit la perte cruellement. Son centre d'attraction avait disparu de sa vie; elle se retira du monde et entra dans une longue période de deuil. Sa peine dura près de cinq ans, et pendant ce temps je pris l'habitude de lui rendre visite toutes les semaines ou aux deux semaines.

Un jour je rendis visite à Gagi, m'attendant à la trouver dans l'état passif habituel que je connaissais bien depuis le décès de mon grand-père. Au contraire, je la trouvai assise, rayonnante, dans son fauteuil roulant. Comme je n'avais pas été assez rapide à commenter son changement d'attitude évident, elle me provoqua.

«Ne veux-tu pas savoir pourquoi je suis si heureuse? N'es-tu pas curieux?»

«Bien sûr, Gagi, m'excusai-je. Pardonne-moi de n'avoir pas réagi assez vite. Dis-moi, pourquoi es-tu si heureuse? Pourquoi cette nouvelle attitude?»

«Parce que, la nuit dernière, j'ai obtenu une réponse, déclara-t-elle. J'ai enfin compris pourquoi Dieu a pris ton grand-père et m'a laissée derrière, seule et sans lui.»

Gagi était toujours pleine de surprises, mais je dois admettre que j'étais renversé par cette déclaration. «Pourquoi Gagi?», dis-je enfin.

Alors, comme si elle livrait le plus grand secret du monde, elle baissa le ton, se pencha vers moi dans son fauteuil roulant et me confia doucement: «Ton grand-père savait que l'amour est le secret de la vie et il le vivait tous les jours. Il était devenu l'amour inconditionnel en action. Je connaissais l'amour inconditionnel, mais je ne l'avais jamais vécu pleinement. C'est pourquoi il est parti en premier et pourquoi je devais rester derrière.»

Elle s'arrêta comme si elle pensait à ce qu'elle allait dire, puis continua: «Tout ce temps, j'ai cru que j'étais punie pour quelque chose, mais la nuit dernière j'ai découvert que le fait que je sois restée était un cadeau de Dieu. Il m'a laissée sur terre pour que je puisse transformer ma vie en amour. Tu vois, continua-t-elle, en pointant un doigt vers le ciel, la nuit dernière j'ai compris que les leçons ne s'apprenaient pas là-haut. L'amour doit se vivre ici, sur la terre. Une fois parti, il est trop tard. On m'a fait le don de la vie afin que j'apprenne à vivre l'amour ici et maintenant.»

À partir de ce jour, au fil des histoires de Gagi, chaque visite devint une nouvelle aventure. Une fois, alors que j'étais là, Gagi frappa sur le bras de son fauteuil avec animation et dit: «Tu ne devineras jamais ce que j'ai fait ce matin!»

Quand je répondis que je ne pouvais pas deviner, elle poursuivit avec fébrilité: «Bien, ce matin ton oncle était contrarié et fâché contre moi à propos d'une chose que j'avais faite. Je n'ai même pas bronché! J'ai reçu sa colère, je l'ai enveloppée d'amour et je la lui ai retournée avec joie.» Ses yeux brillaient lorsqu'elle ajouta: «C'était même plutôt amusant, et sa colère a disparu.»

Bien que la course inexorable du vieillissement se poursuivit, sa vie avait pris un tout nouveau sens. Visite après visite s'accumulaient les années au cours desquelles Gagi mettait en pratique ses leçons d'amour. Elle avait trouvé une raison de vivre, une raison pour continuer de grandir pendant les douze dernières années.

Dans les derniers jours de sa vie, je lui rendis souvent visite à l'hôpital. Comme je marchais vers sa chambre un jour, l'infirmière de service me regarda dans les yeux et dit: «Votre grand-mère est une dame très spéciale, vous savez... elle est une lumière».

Oui, un but a éclairé sa vie et elle est devenue un phare pour tous ceux qui l'entouraient, jusqu'à la fin.

D. Trinidad Hunt

Les ailes d'un ange

*Il existe une terre pour les vivants et une terre pour
les morts, et le pont qui les relie s'appelle l'amour...*

Thornton Wilder

Au cours d'un de mes récents voyages à Varsovie, en
Pologne, l'accompagnateur de notre groupe de 30
citoyens-diplomates (*The Human Awareness Institute*) de
San Mateo, Californie, fut fort étonné quand je lui dis que
nous souhaitions visiter des gens. «Plus de cathédrales ni
de musées, dis-je, nous voulons rencontrer des gens.»

L'accompagnateur, Robert, répliqua: «Vous me faites
marcher. Vous n'êtes sûrement pas des Américains; peut-
être des Canadiens. Pas des Américains. Les Américains
ne veulent pas rencontrer des gens. Nous regardons
Dynastie de même que d'autres émissions américaines.
Les Américains ne sont pas intéressés à rencontrer des
gens. Dites-moi la vérité. Vous êtes des Canadiens ou
peut-être des Anglais, n'est-ce pas?»

Triste à dire, mais il ne blaguait pas. Il était très
sérieux. Or, nous l'étions aussi! Après une longue discussion sur *Dynastie,* sur d'autres émissions de télévision et
sur des films, et après avoir admis qu'il existe un grand
nombre d'Américains qui sont comme ça, mais qu'il en
existe encore plus qui ne le sont pas, nous réussîmes à
convaincre Robert de nous emmener rendre visite à des
gens.

Robert nous conduisit dans un hôpital de convalescence pour femmes âgées. La plus vieille femme qui
vivait là avait plus de 100 ans, et on disait qu'elle était
une ancienne princesse russe. Elle nous récita de la poé-

sie dans plusieurs langues. Bien qu'elle ne fut pas toujours cohérente, sa grâce, son charme et sa beauté transparaissaient, et elle ne voulait pas que nous partions. Pourtant, il le fallait. Accompagnés d'infirmières, de médecins, de préposés et d'un administrateur de l'hôpital, nous embrassâmes et étreignîmes la plupart des femmes de l'hôpital et nous rîmes avec elles. Certaines m'appelèrent «Popa» et voulurent que je les prenne dans mes bras. Ce que je fis, et je pleurai abondamment en voyant la beauté de leur âme emprisonnée dans un corps amoindri.

Cependant, le choc le plus important de notre visite vint de la dernière patiente. La plus jeune de l'hôpital, Olga avait 58 ans. Depuis les huit dernières années, elle était assise seule dans sa chambre, refusant de sortir du lit. Comme son mari était décédé, elle ne voulait plus vivre. Cette femme, qui était autrefois médecin, avait tenté de se suicider huit ans auparavant en se jetant sous un train. Le train lui avait coupé les jambes.

En regardant cette femme brisée, qui avait franchi les portes de l'enfer par suite de ses peines, j'étais tellement accablé de douleur et de compassion que je tombai à genoux et embrassai les moignons de ses jambes. C'était comme si j'étais emporté par une puissance plus grande que moi-même. En l'embrassant et en la caressant, je lui parlais en anglais. Je ne compris que plus tard qu'elle me comprenait. Toutefois, ce n'était pas important puisque je me rappelais à peine ce que j'avais dit. C'était quelque chose comme le fait que je comprenais sa douleur, sa perte, et que je l'encourageais à se servir de son expérience pour aider ses patients à l'avenir avec une plus grande compassion et une plus grande empathie que jamais auparavant. En ces temps de grande transition, son pays avait plus que jamais besoin d'elle. Tout comme son pays ravagé et décimé ressuscitait à nouveau, elle devait ressusciter elle aussi.

Je lui dis qu'elle me rappelait un ange blessé et que le mot ange en grec, *angelos*, signifiait «messager d'amour, serviteur de Dieu». Je lui rappelai aussi que les anges n'ont pas besoin de jambes pour voler. Après une quinzaine de minutes, toutes les personnes présentes dans la chambre se mirent à sangloter. Comme je levais les yeux, je vis une Olga resplendissante qui demandait qu'on lui apporte un fauteuil roulant et qui se préparait à sortir du lit pour la première fois en huit ans.

Stan Dale

On récolte toujours
ce que l'on a semé

Lorsque je travaillais comme animateur de radio à Columbus, Ohio, j'avais l'habitude d'arrêter à l'hôpital universitaire ou à l'hôpital Grant en rentrant chez moi. Je déambulais dans les corridors et entrais dans une des chambres; je parlais aux malades ou je leur lisais les Saintes Écritures. C'était une façon d'oublier mes propres problèmes et d'être reconnaissant envers Dieu de m'avoir accordé la santé. Ces actions comptaient beaucoup dans la vie des personnes que je visitais et une fois, cela m'a littéralement sauvé la vie.

J'étais très controversé dans le milieu de la radio. J'avais offensé quelqu'un dans un de mes éditoriaux portant sur un promoteur qui invitait des artistes dans la ville, artistes qui n'étaient pas les membres originaux d'un groupe fort populaire. La personne que j'avais dénoncée avait littéralement mis ma tête à prix!

Un soir, je rentrais à la maison après avoir terminé mon travail dans un club de nuit où j'étais maître de cérémonie. Comme je me préparais à ouvrir ma porte, un homme sortit de l'ombre, sur le côté de ma maison, et me demanda: «Êtes-vous Les Brown?»

Je lui répondis: «Oui, monsieur».

Il dit : «Je dois vous parler. On m'a payé pour vous abattre.»

«Moi? Pourquoi?», demandai-je.

Il me dit: «Bien, il y a un promoteur qui est très contrarié à cause de l'argent que vous lui avez fait perdre en disant que le groupe invité en ville n'était pas le véritable groupe.»

«Allez-vous me faire quelque chose?», demandai-je.

Il me répondit: «Non». Je ne voulais pas lui demander pourquoi parce que je ne voulais pas qu'il change d'idée! J'étais simplement soulagé!

Il poursuivit: «Ma mère était à l'hôpital Grant et elle m'avait écrit qu'un jour vous étiez venu et vous vous étiez assis avec elle pour lui parler et lui lire les Saintes Écritures. Elle fut si touchée qu'un animateur de la radio matinale, qui ne la connaissait pas, soit venu et ait fait un tel geste qu'elle me l'écrivit quand j'étais au pénitencier de l'Ohio. Cela m'avait impressionné et j'ai toujours voulu vous rencontrer. Lorsque j'ai entendu dire que quelqu'un voulait vous abattre, poursuivit-il, j'ai accepté le contrat, puis je leur ai dit de vous laisser tranquille.»

Les Brown

Le billet de cinq dollars

De retour d'un voyage à Washington, D.C., j'arrivai à Anchorage (Alaska) vers 2 heures du matin, un lundi du milieu de mai. À 9 heures, je devais parler à des élèves d'une école secondaire locale participant à un programme destiné à garder en classe les adolescentes enceintes et les enfants en difficulté.

L'école était mise sous haute sécurité parce que la plupart des enfants étaient des délinquants ayant eu des démêlés avec la justice. Je trouvais très difficile de m'adresser à ce groupe multiculturel et de parler de choses susceptibles de les motiver pour l'avenir. Je n'arrivais à rien jusqu'à ce que je décide de parler de ce que je fais le mieux, aider autrui avec de l'argent.

Je sortis une pile de billets de cinq dollars et entrepris de les distribuer. Les jeunes se présentèrent et les prirent. Ils commencèrent à s'exciter parce qu'il s'agissait d'argent gratuit. La seule chose que j'exigeais d'eux, c'était qu'ils s'engagent à ne pas le dépenser pour *eux-mêmes*. Je leur dis qu'ils étaient encore tous des enfants et que, s'il y avait une chose qui pouvait les faire progresser, c'était bien le fait que quelqu'un se préoccupe suffisamment d'eux pour que ça se produise.

Certains jeunes me demandèrent un autographe, d'autres non. Je pense honnêtement que j'ai réussi à toucher certains d'entre eux et je commençai à échanger les billets contre un exemplaire de mon livre. Cela se poursuivit pendant cinq ou six minutes, puis, en terminant, je leur parlai de mon grand-père qui m'avait incité à aller plus loin. Je leur dis que quoi qu'il arrive, ils devaient se rappeler qu'il y avait quelque part quelqu'un, un professeur ou simplement eux-mêmes, qui se préoccupait d'eux et qui souhaitait leur succès.

Ce n'est pas la fin de l'histoire. Lorsque je quittai la classe, je leur dis de m'appeler s'ils avaient des problèmes ou s'ils étaient dans une situation difficile. Je ne pouvais promettre que je serais en mesure de les aider, mais j'étais disposé à les écouter et à essayer à peu près n'importe quoi. J'ajoutai que s'ils voulaient obtenir un exemplaire de mon livre, ils n'avaient qu'à me téléphoner à mon bureau; je serais heureux de leur en faire parvenir un.

Trois jours plus tard, je reçus par le courrier un morceau de papier froissé. Il provenait d'une jeune fille qui avait assisté à ma conférence.

Cher Floyd,

Merci beaucoup d'avoir pris le temps de venir parler dans ma classe. Merci de m'avoir donné le billet de cinq dollars tout neuf. Je le chérirai toujours et j'y ai écrit le nom de mon enfant; je ne l'utiliserai pour rien d'autre, seulement pour quelque chose dont elle aura besoin ou qu'elle souhaitera avoir. La raison pour laquelle je vous écris est que le jour où vous êtes venu parler devant la classe, j'avais pris une décision le matin même. J'avais vidé mon bureau, payé ce que je devais à l'école et je prévoyais me donner la mort en prenant aussi la vie de mon enfant, parce que j'étais convaincue que personne ne se souciait de nous. Lorsque vous avez raconté votre histoire qui disait que tant que quelqu'un se préoccupait de vous, la vie n'était pas finie, j'en ai eu les larmes aux yeux! Le fait est que je vais probablement rester dans les parages encore un peu, parce qu'il y a des gens comme vous qui se soucient des personnes comme moi, sans même me connaître. Merci de votre bienveillance.

Floyd L. Shilanski

Le sacrifice ultime

Linda Birtish s'est littéralement donnée tout entière. Linda était une enseignante émérite qui, si elle en avait eu le temps, aurait aimé devenir une grande artiste et une grande poétesse. Toutefois, vers 28 ans, elle commença à souffrir de fortes migraines. Ses médecins découvrirent une énorme tumeur au cerveau. Ils lui dirent que ses chances de survie étaient d'environ deux pour cent. Par conséquent, plutôt que de procéder immédiatement à l'opération, ils choisirent d'attendre six mois.

Elle savait qu'elle possédait un grand talent artistique. Ainsi, pendant ces six mois, elle écrivit et dessina avec fièvre. Tous ses poèmes, sauf un, furent publiés dans des magazines. Toutes ses peintures, sauf une, furent exposées et vendues dans quelques-unes des plus importantes galeries.

À la fin des six mois, elle subit l'opération. La nuit précédant l'intervention, elle décida de se donner tout entière. En cas de décès, elle rédigea un «testament» dans lequel elle donnait toutes les parties de son corps à ceux qui en avaient le plus besoin.

Malheureusement, l'opération de Linda lui fut fatale. Ainsi, ses yeux allèrent à une banque d'yeux de Bethesda, Maryland, et de là, à un receveur de Caroline du Sud. Un jeune homme de 28 ans passa de la noirceur à la lumière. Ce jeune homme était si reconnaissant qu'il écrivit à la banque d'yeux pour la remercier d'exister. Il s'agissait seulement du deuxième remerciement qu'avait reçu la banque après avoir donné plus de 30 000 yeux.

De plus, le jeune homme ajouta qu'il aimerait remercier les parents du donneur. Ce devait être des personnes extraordinaires pour avoir mis au monde un enfant qui avait donné ses yeux. On lui indiqua le nom de la famille Birtish et il décida de se rendre la visiter. Sans s'être annoncé, il sonna à la porte. Après avoir entendu sa présentation, Mme Birtish le prit dans ses bras et l'embrassa. Elle dit: «Jeune homme, si vous n'avez nulle part où aller, mon mari et moi serions heureux que vous passiez le week-end avec nous».

Il resta et, en examinant la chambre de Linda, il se rendit compte qu'elle avait lu Platon. Il avait lu Platon en braille. Elle avait lu Hegel. Il avait lu Hegel en braille.

Le matin suivant, Mme Birtish le regarda en disant: «Vous savez, je suis convaincue de vous avoir déjà vu quelque part, mais je ne sais pas où». Tout d'un coup, elle se rappela. Elle courut à l'étage et sortit la dernière toile que Linda avait peinte. C'était le portrait de l'homme idéal.

Le portrait était pratiquement la copie du jeune homme qui avait reçu les yeux de Linda.

Puis, sa mère lut le dernier poème que Linda avait écrit sur son lit de mort:

Deux cœurs passant dans la nuit
rencontrent l'amour
sans jamais réussir à se voir.

Jack Canfield et Mark Victor Hansen

2

L'ART D'ÊTRE PARENT

*Les enfants ne se souviendront pas
de vous pour les choses matérielles
que vous leur avez données, mais pour
le sentiment que vous les aimiez.*

Richard L. Evans

Cher Monde

Le directeur de l'école de mon fils Scott me téléphona pour dire qu'il avait quelque chose d'important à partager avec moi et pour demander quand il pourrait passer à la maison. À quelques semaines de la collation des grades de Scott, je présumai que l'appel du directeur devait avoir quelque chose à voir avec cet événement, bien que l'annonce d'une frasque d'adolescent me traversât l'esprit. J'attendis son arrivée, présumant que les nouvelles étaient bonnes.

Les nouvelles étaient bonnes en effet: Scott allait prononcer le discours d'adieu de sa promotion à la cérémonie de collation des grades. En l'honneur des succès de mon fils, le directeur me demanda si j'acceptais de rédiger un texte pour l'occasion. Je lui dis que j'en serais ravie. J'étais tellement fière de Scott et de ses réalisations.

Assise à ma machine à écrire, je repassai les événements de la vie de Scott. Puis, je me rendis compte de la véritable signification de cette collation des grades. Cela voulait dire que lui et ses camarades de classe allaient pénétrer dans un monde d'inconnus. Nous ne serions plus là sur une base régulière pour les guider, les conseiller ou prendre soin d'eux. Alors je rédigeai la lettre suivante adressée au monde:

Cher Monde,

Nos enfants finissent l'école aujourd'hui. Ce sera très étrange pour eux pendant un certain temps, et j'aimerais que tu les traites avec ménagement.

Tu vois, jusqu'à maintenant ils ont régné en rois et maîtres, et leurs parents ont toujours été là pour

panser leurs plaies et raccommoder leurs senti-
ments. Les choses vont désormais être différentes.
Ils s'embarquent dans une nouvelle aventure. C'est
une aventure qui peut inclure la guerre, la tragédie
et le chagrin. Pour faire leur chemin, ils auront
besoin de beaucoup de foi, d'amour, de tolérance et
de compréhension.

Alors, Monde, j'aimerais que tu en prennes soin.
Prends-les par la main et enseigne-leur les choses
qu'ils ont besoin de savoir, mais je t'en prie,
Monde, fais-le en douceur, si possible.

Ils devront apprendre que tous les gens ne sont pas
justes, que tous les gens ne sont pas équitables et
que tous les gens ne sont pas vrais. Mais enseigne-
leur aussi que pour chaque vaurien, il y a un héros,
que pour chaque politicien véreux, il y a un grand
leader dévoué, et que pour chaque ennemi, il y a un
bon ami.

Cela prendra du temps, Monde, mais enseigne-leur
qu'un peu d'argent gagné vaut plus que beaucoup
d'argent trouvé. Enseigne-leur à perdre élégam-
ment de sorte qu'ils auront encore plus de plaisir à
gagner.

Éloigne d'eux l'envie, si possible, et apprends-leur
le secret du rire tranquille. Enseigne-leur à être en
paix avec leur Dieu. Enseigne-leur à avoir une force
intérieure afin de pouvoir endurer la souffrance de
l'échec et conserver le désir d'essayer jusqu'à ce
qu'ils réussissent. Enseigne-leur à être doux avec
les gens doux et à être durs avec les gens durs.

Enseigne-leur à mépriser les cyniques et à se méfier
d'une trop grande douceur. Apprends-leur à ven-
dre leur cervelle et leurs muscles au plus offrant,

mais à ne jamais attacher un prix à leur cœur ni à leur âme.

Enseigne-leur, si tu le peux, à ne pas se comparer aux autres; il y aura toujours des personnes plus fortes ou plus faibles. Enseigne-leur plutôt à dépasser leurs propres réalisations.

Apprends-leur qu'il y a un temps pour prendre des risques, mais qu'il y a aussi un temps pour passer son tour.

Traite-les avec douceur, Monde, mais ne les dorlote pas; seule l'épreuve du feu produit l'acier le plus résistant. Enseigne-leur à avoir une foi inébranlable en eux-mêmes; ainsi, ils auront foi en l'humanité.

Voilà toute une commande, Monde, mais vois ce que tu peux faire. Ce sont des jeunes tellement gentils — nos enfants.

Avril Johannes

Si je pouvais recommencer à élever mon enfant

Si je pouvais recommencer à élever mon enfant,
Je me salirais davantage les doigts et
    je montrerais moins souvent du doigt.
Je privilégierais moins la correction et
    plus la communication.
Je quitterais ma montre des yeux et
    je me servirais davantage de mes yeux pour voir.
Je me contenterais d'en savoir moins et
    je saurais chérir davantage.
Je ferais plus d'excursions et
    je ferais voler plus de cerfs-volants.
J'arrêterais de me prendre au sérieux et
    je jouerais plus sérieusement.
Je courrais à travers plus de champs et
    j'observerais plus d'étoiles.
Je ferais plus d'étreintes et
    j'aurais moins de tiraillements.
Je serais inébranlable moins souvent et
    je soutiendrais davantage.
Je bâtirais d'abord l'estime de soi, et
    la maison plus tard.
Je témoignerais moins de l'amour du pouvoir, et
    davantage du pouvoir de l'amour.

Diane Loomans

Rappelle-toi,
nous élevons des enfants,
non des fleurs!

David, mon voisin immédiat, a deux enfants de cinq et sept ans. Un jour, il apprenait à son fils de sept ans, Kelly, comment passer la tondeuse à moteur sur la pelouse. Alors qu'il lui montrait à tourner la tondeuse au bout de la pelouse, sa femme Jan l'appela pour lui poser une question. Comme David se retournait pour répondre à sa femme, Kelly poussa la tondeuse directement dans le massif de fleurs bordant la pelouse — laissant un chemin de soixante centimètres complètement rasé!

Lorsque David se retourna et vit ce qui s'était produit, il perdit la maîtrise de lui-même. Il avait mis beaucoup de temps et d'effort à faire de ces massifs de fleurs l'envie de tout le voisinage. Alors qu'il commençait à élever la voix, Jan marcha rapidement vers lui, mit sa main sur son épaule et dit: «David, s'il vous plaît, rappelle-toi... nous élevons des enfants, non des fleurs!»

Jan me rappela combien il est important pour un parent de se souvenir de ses priorités. Les enfants et leur amour-propre sont plus importants que tout objet matériel qu'ils peuvent briser ou détruire. Une vitre fracassée par une balle de tennis, une lampe renversée par le geste irréfléchi d'un enfant ou une assiette échappée dans la cuisine sont déjà brisées. Les fleurs sont déjà mortes. Je dois me rappeler de ne pas ajouter à la destruction en brisant le moral de l'enfant et en étouffant sa vivacité.

• • • • •

Il y a quelques semaines, je me suis acheté un veston sport dans une boutique. Mark Michaels, le propriétaire, et moi avons discuté de l'art d'être parent. Il me raconta qu'à l'occasion d'un dîner au restaurant en compagnie de sa femme et de leur fille de sept ans, celle-ci renversa son verre d'eau. Une fois l'eau épongée sans aucune remarque désobligeante de leur part, la petite leva les yeux et dit: «Vous savez, je veux vraiment vous remercier de ne pas être comme les autres parents. La plupart des parents de mes amis leur auraient crié à tue-tête et les auraient sermonnés sur l'importance de faire plus attention. Merci de ne pas l'avoir fait!»

Une fois, alors que je dînais avec des amis, un incident semblable se produisit. Leur fils de cinq ans renversa un verre de lait à la table. Quand ils commencèrent à le disputer, je renversai intentionnellement mon verre, moi aussi. Quand je me mis à expliquer que je renversais encore des choses à l'âge de 48 ans, le visage de l'enfant s'épanouit en un large sourire et les parents, semblant avoir compris le message, changèrent de ton. Comme c'est facile d'oublier que nous apprenons toujours.

• • • • •

J'ai récemment entendu une histoire de la bouche de Stephen Glenn au sujet d'un chercheur renommé qui avait fait plusieurs découvertes médicales très importantes. Il était interviewé par un journaliste qui lui demandait pourquoi il pensait être plus créatif que la moyenne des gens. Qu'est-ce qui le distinguait des autres?

Il répondit que, à son avis, cela remontait à une expérience qu'il avait vécue avec sa mère quand il avait environ deux ans. Il essayait alors de sortir une bouteille de lait du réfrigérateur, lorsque celle-ci lui glissa des mains et tomba, répandant tout son contenu sur le plancher de la cuisine — une véritable mer de lait!

Quand sa mère entra dans la cuisine, au lieu de crier
après lui, de le sermonner ou de le punir, elle dit: «Robert,
quel merveilleux dégât tu as fait! J'ai rarement vu une
aussi grande marre de lait. Bon, le mal est fait. Aimerais-
tu jouer dans cette marre de lait pendant quelques minutes avant que nous nettoyions le plancher?»

C'est ce qu'il fit. Au bout de quelques instants, sa
mère dit: «Tu sais, Robert, quand tu fais un dégât de ce
genre, il faut éventuellement le nettoyer et tout remettre
en place. Alors, comment allons-nous faire? Nous pour-
rions prendre une éponge, une serviette ou une
vadrouille. Qu'est-ce que tu préfères?» Il choisit l'éponge
et, avec sa mère, il nettoya le lait renversé.

Sa mère lui dit ensuite: «Tu sais, nous sommes ici
devant une expérience ratée sur la façon de transporter
une grosse bouteille de lait avec deux petites mains.
Allons dans la cour et remplissons la bouteille d'eau pour
voir si tu peux la transporter sans l'échapper.» Le petit
garçon découvrit que s'il agrippait la bouteille par le
haut, près du goulot, il pouvait la transporter sans
l'échapper. Quelle merveilleuse leçon!

Ce chercheur renommé fit ensuite remarquer que, à
ce moment, il comprit qu'il n'avait pas à avoir peur de
faire des erreurs. Au contraire, on lui avait fait comprendre que les erreurs ne sont que des occasions d'apprendre
quelque chose de nouveau; après tout, c'est ce en quoi
consistent les expériences scientifiques. Même si l'expérience «ne marche pas», nous en tirons habituellement
quelque chose de précieux.

Ne serait-ce pas merveilleux si tous les parents réa-
gissaient comme la mère de Robert l'a fait?

• • • • •

Une dernière histoire, qui illustre l'application de cette attitude dans un contexte d'adulte, a été racontée à la radio par Paul Harvey, il y a quelques années.

Une jeune femme retournait chez elle au volant de sa voiture lorsqu'elle endommagea une aile en frappant le pare-chocs d'une autre voiture. En larmes, elle expliquait que sa voiture était neuve, tout juste sortie de la salle de montre quelques jours auparavant. Comment allait-elle bien justifier à son mari l'état abîmé de la voiture?

Le chauffeur de l'autre voiture était sympathique, mais il insista pour qu'ils prennent note de leurs numéros respectifs de permis de conduire et de plaque d'immatriculation. Alors que la jeune femme fouillait dans une grande enveloppe brune pour en extraire les documents, une feuille de papier en tomba. Ces mots y étaient griffonnés d'une grande écriture masculine: «En cas d'accident... souviens-toi, chérie, c'est toi que j'aime, pas la voiture!»

● ● ● ● ●

Rappelons-nous que l'esprit de nos enfants est plus important que les choses matérielles. De cette façon, la confiance en soi et l'amour fleurissent et s'épanouissent plus merveilleusement que n'importe quel massif de fleurs ne pourrait le faire.

Jack Canfield

Il n'est qu'un petit garçon jouant au baseball

Il se tient debout au marbre
son cœur battant la chamade.
Les buts sont pleins,
les dés sont jetés.
Papa et maman ne peuvent pas lui venir en aide,
il se tient là, seul.
Un coup frappé en ce moment
ferait gagner l'équipe.
La balle passe au-dessus du marbre,
il s'élance, et manque.
La foule grogne,
il y a quelques huées et sifflets.
Une voix irréfléchie s'écrie:
«Débarrassez-vous de ce bon à rien!»
Il a les larmes aux yeux,
le jeu n'est plus amusant.

Alors ouvrez votre cœur et donnez-lui une chance,
car ce sont des moments comme ceux-ci
qui peuvent faire un homme.
S'il vous plaît, gardez ça à l'esprit
quand vous entendez quelqu'un qui l'oublie.
Il n'est qu'un petit garçon, et pas encore un homme.

le chapelain Bob Fox

Mais non

Je t'ai regardé en souriant l'autre jour.
Je croyais que tu me verrais, mais non.

J'ai dit «Je t'aime» et j'ai attendu
pour voir ce que tu dirais.
Je pensais que tu m'entendrais, mais non.

Je t'ai demandé de venir jouer
dehors à la balle avec moi.
Je pensais que tu me suivrais, mais non.

J'ai fait un dessin juste pour que tu le voies.
Je pensais que tu le garderais, mais non.

J'ai construit une cabane pour nous dans le bois.
Je pensais que tu camperais avec moi, mais non.

J'ai trouvé des vers et tout ce qu'il faut pour la pêche.
Je pensais que tu voudrais y aller, mais non.

J'avais besoin de toi juste pour te parler,
partager mes pensées avec toi.
Je pensais que tu voudrais, mais non.

Je t'ai parlé de ma prochaine compétition,
espérant que tu y serais.
Je pensais que tu viendrais sûrement, mais non.

Je t'ai demandé de partager ma jeunesse avec moi.
Je pensais que tu voudrais, mais tu ne pouvais pas.

Mon pays m'a appelé sous les drapeaux,
tu m'as demandé de rentrer à la maison sain et sauf.
Mais non.

Stan Gebhardt

Collation des grades, héritage et autres leçons

«C'est avec un immense plaisir que je vous présente la promotion 1978 de l'Université Drake. Ces étudiants ont complété avec succès leurs études universitaires: Michael M. Adams; félicitations, Michael. Margaret L. Allen; félicitations, Margaret.»

Il était tellement têtu! Comment *ne pouvait-il pas* voir le tourment que représentait pour moi l'urgence d'aller à l'université? Comment pouvait-il avoir évoqué l'idée que «si cela doit avoir un sens, ce sera mené à bien par toi seule»? Que le diable l'emporte!

«John C. Anderson; félicitations, John. Bettie J...»

Un jour il verrait que j'avais réussi par moi-même et il éprouverait du remords de ne pas en avoir fait partie, se repentirait et se confondrait en excuses de ne pas m'avoir suivie de plus près — étudiante de 1re année, de 2e année, de 3e, de 4e... diplômée d'université.

«...Burres; félicit...»

Voilà, j'ai réussi! J'ai franchi le vaste espace de l'ambiguïté et des obstacles bureaucratiques. L'université — l'épreuve par excellence de la mesure de votre tolérance au stress! Quatre années ardues, et la précieuse peau d'âne était mienne. Le parchemin portant mon nom le confirmait. Merci beaucoup, papa! J'ai désiré ardemment que tu me soutiennes; que tu sois fier de moi; que tu penses que j'étais quelqu'un de spécial, de vraiment spécial. Qu'en est-il de tous ces exposés sur la nécessité de réaliser ce qu'on désire à tout prix? Sur les principes, les buts, l'éthique du travail et la discipline? Qu'y avait-il de si important pour que tu ne puisses pas t'y arracher et venir me voir les jours de visite, comme tous les autres parents le faisaient?

Et maintenant, une absence le jour de la collation des grades. Comment ta journée pouvait-elle avoir de plus grandes conséquences? Comment était-ce possible que tu n'aies pas pu aménager ton horaire pour venir voir ta fille en ce moment capital de sa vie?

«...ations, Bettie.»

Contre tout espoir, je cherchai ses yeux dans la mer de plusieurs centaines de visages de l'auditoire. Il était introuvable. Naturellement. Mon départ pour l'université avait coïncidé, pour mes parents, avec la naissance de leur sixième enfant et les autres tâches quotidiennes d'une grande famille rurale. Pourquoi mon père penserait que cette journée pouvait comporter quelque chose de spécial?

«Escaladez chaque montagne. Traversez chaque ruisseau.» La chanson que notre promotion avait choisie pour thème semblait d'une banalité appropriée. Et douloureuse.

«Suivez chaque arc-en-ciel... jusqu'à ce que vous réalisiez votre rêve.»

Cent deux nouveaux diplômés défilèrent sur la scène ce jour-là. J'étais sûre que chacun avait deux parents coincés quelque part dans la salle bondée. Quand chaque diplômé eut reçu son parchemin, notre classe se leva et commença à descendre les marches vers l'allée centrale de l'auditorium, tous prêts à enlever nos toges trempées de sueur et nos épingles pointues, et à nous précipiter aux dîners et réceptions de la collation des grades. Je me sentais seule. Attristée. En colère. J'avais envoyé à papa non pas une, mais deux invitations. Ce n'est pas tellement que je voulais qu'il soit là, c'est que j'avais besoin de lui. Besoin qu'il soit témoin de la réalisation de quelque chose de très spécial, le résultat de tous ces rêves, ambitions et buts qu'il m'avait inculqués. Ne savait-il pas à quel point son approbation était importante pour moi? Étais-tu sérieux, papa, ou n'était-ce que des paroles?

«Papa, tu viens, n'est-ce pas? Je veux dire, combien de fois vais-je obtenir un diplôme universitaire?» le suppliai-je.

«Notre venue dépendra si nous sommes aux champs ou non», avait-il dit. «Si c'est une bonne journée pour les semences, nous ne pourrons pas nous permettre de la manquer, avec les pluies qui s'en viennent. Nous avons manqué tellement de journées ce printemps. Le temps des semences est critique. S'il pleut, nous *essayerons* de descendre. Mais ne te fais pas trop à cette idée. Tu sais que c'est un voyage de deux heures pour se rendre là.»

Je m'étais faite à cette idée. C'était tout ce qui comptait.

«Escaladez chaque montagne. Passez chaque...» Les parents, les grands-parents et le reste de la parenté étaient tout sourire, s'efforçant d'apercevoir leur nouveau diplômé, repoussant poliment les autres pour obtenir cette photo précieuse entre toutes, fiers de leur propre statut de mère, père, grand-parent, frère, sœur, tante, oncle *du diplômé*. Eux, ils versaient des larmes de bonheur; celles que je refoulais étaient des larmes de déception totale et d'un sentiment de rejet. Ce n'était pas que je me sentais seule, j'étais seule.

«Suivez chaque arc-en-ciel... »

J'avais fait 27 pas depuis le moment où j'avais donné la main au président de l'université en acceptant mon diplôme — mon billet d'entrée dans le monde de mon avenir. «Bettie», une voix douce appela avec urgence, me tirant de mon suffocant abattement imaginaire. Le doux son de la voix de mon père se faufila à travers le tonnerre d'applaudissements d'une salle bondée et bruyante. Je n'oublierai jamais la vision que j'avais sous les yeux. Là, au bout de la longue rangée réservée aux diplômés, était assis mon père. Il avait l'air plus petit et plus réservé que l'homme audacieux et tonitruant auprès duquel j'avais grandi. Ses yeux étaient rouges, et de grosses larmes coulaient sur ses joues, tombant sans bruit sur un costume bleu qui était manifestement neuf. Sa tête était légèrement baissée et son visage était impossible à décrire en peu de mots. Il semblait si humble, si rayonnant de fierté paternelle. Je l'avais vu pleurer seulement une autre fois, mais ici je voyais de grosses larmes silencieuses qu'il ne pouvait contenir. La vue de cet homme viril et fier — mon père — en larmes ouvrit l'écluse que je m'étais efforcée de retenir.

En un instant, il fut debout. Mes émotions assiégées, je fis ce qui me semblait la chose à faire en ce moment de ferveur et d'exaltation — je glissai mon diplôme dans sa main. «Tiens, ça c'est pour toi», dis-je d'une voix où se mêlaient l'amour, l'arrogance, la vengeance, le besoin, la gratitude et la fierté.

«Ça, c'est pour toi», répondit-il à son tour, d'une voix dépourvue de tout sauf de gentillesse et d'amour. Il plongea rapidement la main dans sa poche et en sortit une enveloppe. D'un geste gauche, il tendit vers moi sa grande main patinée par le temps pour me donner l'enveloppe. De l'autre main, il dérouta le flot de larmes qui cascadait sur ses joues. Ce furent les dix secondes les plus longues et les plus intensément émotionnelles de ma vie.

Le défilé reprit. Mon cœur battait la chamade tandis que j'essayais de reconstituer les événements de la journée — ses pensées tandis qu'il faisait le trajet de deux heures, sa facilité à trouver l'université ou, au contraire, sa frustration, ses efforts pour traverser la foule et s'approprier un siège dix rangées en avant de ceux qui étaient réservés aux parents!

Mon papa était venu! C'était un des plus beaux jours que le printemps avait à offrir — une journée parfaite pour les semences. Et ce costume neuf! D'après mes souvenirs, il en avait acheté un pour les funérailles d'oncle Ben. Dix ans plus tard, il en avait acheté un autre pour le mariage de ma sœur. Un costume était considéré comme frivole par ce fermier; en outre, le fait d'en posséder un éliminait l'excuse de ne pas aller où vous n'aviez pas envie d'aller! L'achat d'un nouveau costume commandait sans aucun doute une occasion très importante. Il était ici; papa dans son nouveau costume.

«... jusqu'à ce que vous réalisiez votre rêve.»

Je jetai un coup d'œil à l'enveloppe que je broyais presque tellement je la tenais fort. N'ayant jamais reçu de mot ni de carte de mon père, je ne savais vraiment pas à quoi m'attendre. Mon imagination était débridée, échafaudant les possibilités. Serait-ce une carte... portant *sa* signature? C'était un marché rare et marqué au coin de l'intégrité lorsque E.H. Burres signait son nom. Tout le monde savait qu'une poignée de mains de cet homme valait plus que la signature de toute autre personne. Quand E.H. Burres donnait sa parole — eh bien, c'était marché conclu. Aucun banquier n'avait jamais refusé un prêt à cet homme qui, après deux tours de service dans la Seconde Guerre mondiale, avait commencé sa vie avec rien de plus qu'une solide éthique du travail, une bonne psychologie naturelle et une belle femme loyale à ses côtés; cet homme avec tous ces enfants et ces rêves audacieux de posséder toute cette terre. Peut-être que ce n'était qu'un exemplaire de mon programme de collation des grades. Peut-être que l'échange était tout aussi troublant pour lui que pour moi et qu'il m'avait simplement remis quelque chose, n'importe quoi. Est-ce que ce pourrait être une invitation à une réunion de la famille Burres pour célébrer cette journée? Craignant d'être déçue et voulant savourer toutes les possibilités, je me retins d'ouvrir l'enveloppe avant de gagner le vestiaire. Je m'extirpai de mon costume académique sans lâcher ce précieux papier.

«Regarde ce que mes parents m'ont offert pour ma promotion», s'exclama Martha, en levant la main pour faire admirer une bague avec perle. «Mon vieux m'a donné une voiture», cria Todd à l'autre extrémité de la pièce. «Ça doit être bien. Je n'ai rien eu, comme d'habitude», dit une voix venant de quelque part. «Ouais, moi aussi!», renchérit une autre. «Qu'est-ce que tu as eu de tes parents, Bettie?», me cria ma camarade de chambre.

Il ne semblait pas approprié de répondre: «Une autre incroyable leçon, trop précieuse pour la partager, de l'un des hommes les plus admirables du monde», alors je me détournai et prétendis ne pas avoir entendu. Je pliai la toge soigneusement et la plaçai dans un sac où elle se trouve encore à ce jour — un symbole auquel les paroles et les actions de mon père avaient donné vie.

Mes yeux larmoyaient tandis que je me rappelais les larmes de mon père. Il était venu après tout. J'étais importante pour lui. Ou c'était ça ou c'était ma mère qui avait remporté la bataille! J'ouvrai l'enveloppe lentement et soigneusement, ne voulant pas déchirer ce précieux souvenir de mon père:

Chère Bettie,

*Je sais que tu te rappelles que, lorsque j'étais jeune, ma famille avait perdu la ferme familiale. Ma mère avait dû élever six enfants presque seule. Ce fut une période très dure pour tous. Le jour où la ferme familiale nous fut enlevée, je jurai qu'un jour j'aurais ma propre terre et que tous mes enfants aurait cette terre en héritage. Ils seraient toujours en sécurité. Où qu'ils vivent dans le monde, quel que soit leur sort, il y aurait toujours une ferme Burres où ils pourraient revenir. Mes enfants auraient toujours un foyer. La lettre ci-jointe est l'acte de propriété de **ta terre**. Les taxes ont été payées pour toujours. Elle est à toi.*

Quand je t'ai vue partir pour l'université, tu peux t'imaginer comme j'étais fier, comme j'espérais que tu obtiendrais un jour ton diplôme. Tu ne sauras jamais à quel point je me suis senti impuissant de ne pas pouvoir payer ton université à même les ressources familiales. À ce moment-là, je ne savais pas comment te le dire sans détruire ta croyance en moi. Mais ce n'est pas parce que je n'appréciais pas ce que tu faisais, ni parce que je ne reconnaissais pas tous tes efforts pour réaliser ton rêve.

Bien que je ne t'aie pas suivie d'aussi près que tu l'aurais aimé, sache que tu étais toujours dans mes pensées. Je t'observais toujours, même si c'était à distance. Il t'a peut-être semblé que j'étais indifférent aux difficultés que tu éprouvais en faisant ton chemin toute seule, mais je ne l'étais pas. J'étais aux prises avec mes propres difficultés, celles d'une famille qui grandissait, et je concrétisais un rêve auquel je refusais de renoncer parce qu'il était tel-

lement important pour moi — c'était mon héritage pour vous, mes enfants.

J'ai prié pour toi constamment. Sache, chère fille, que ta capacité d'aller de l'avant alors que tout semblait contre toi était ce qui gardait mes propres rêves vivants, ce qui renouvelait ma force pour vaincre mes propres épreuves — et faire en sorte qu'elles valent la peine. Tu vois, c'était toi qui était mon héroïne, un modèle de force, de courage et d'audace.

Lors de tes visites à la maison pour les vacances, il y eut des moments, quand nous marchions ensemble sur la ferme et parlions de choses et d'autres, où j'aurais voulu alors te le dire afin que tu ne perdes pas foi en moi. J'avais besoin que tu croies en moi. Mais en observant l'énergie sans limite de ta jeunesse, de ton arrogance et de ta fierté, et en écoutant ta détermination à compléter ta mission, je savais que tu réussirais. Je savais que non seulement tu pouvais y arriver, mais aussi que tu y arriverais. Et aujourd'hui, nous avons tous deux un morceau de papier symbolisant la réalisation de nos rêves, concrétisés parce que nous avons travaillé fort à la poursuite de buts nobles. Bettie, je suis tellement fier de toi aujourd'hui.

Avec tout mon amour,
papa

Bettie B. Youngs

Mon père, quand j'avais...

4 ans: Mon papa peut tout faire.

5 ans: Mon papa sait beaucoup de choses.

6 ans: Mon papa est plus intelligent que ton papa.

8 ans: Mon papa ne sait pas tout à fait tout.

10 ans: Dans l'ancien temps, quand mon père était
jeune, les choses étaient sans aucun doute très
différentes.

12 ans: Oh! bien, naturellement, mon père ne connaît
rien à ce sujet! Il est trop vieux pour se souvenir
de son enfance.

14 ans: Ne portez pas attention à mon père. Il est tellement vieux jeu!

21 ans: Lui? Mon Dieu, il est désespérément démodé.

25 ans: Papa en connaît un peu à ce sujet; c'est normal,
il y a tellement longtemps qu'il roule sa bosse.

30 ans: Peut-être devrions-nous demander à papa ce
qu'il en pense. Après tout, il a tant d'expérience.

35 ans: Je ne ferai rien tant que je n'aurai pas parlé à
papa.

40 ans: Je me demande comment papa s'y serait pris. Il
était si sage et avait énormément d'expérience.

50 ans: Je donnerais n'importe quoi pour que papa soit
ici pour discuter de cela avec lui. Dommage que
je n'aie pas reconnu son intelligence. Il aurait pu
m'en apprendre beaucoup.

Ann Landers

L'esprit du Père Noël ne porte pas de costume rouge

J'étais affalée sur le siège du passager de notre vieille voiture parce que c'est la façon «cool» de s'asseoir quand on a huit ans. Mon père se rendait faire des courses en ville et je l'accompagnais pour le plaisir de la promenade. Du moins, c'est ce que je lui avais dit; de fait, j'avais une importante question à poser qui me préoccupait depuis des semaines et c'était la première fois que j'avais réussi à me faufiler en sa présence sans être trop explicite.

«Papa...», dis-je. Et je m'interrompis.

«Ouais?» dit-il.

«Certains enfants à l'école disent des choses et je sais que ce n'est pas vrai.» Je sentais ma lèvre inférieure trembler à cause de l'effort que je faisais pour retenir les larmes que je sentais surgir dans le coin de mon œil droit — c'était toujours celui qui voulait pleurer le premier.

«Qu'y a-t-il, Pitchounette?» Je savais qu'il était de bonne humeur quand il employait ce terme affectueux.

«Les enfants disent qu'il n'y a pas de Père Noël.» Serrement de gorge. Une larme s'échappa. «Ils disent que je suis stupide de croire encore au Père Noël... que c'est seulement pour les petits enfants.» Une larme commença à perler au coin de mon œil gauche.

«Mais je crois ce que tu m'as dit. Que le Père Noël existe. C'est vrai, n'est-ce pas, papa?»

Jusque-là, nous descendions lentement l'avenue Newell qui était, à l'époque, une rue à deux voies bordée de chênes. Après ma question, mon père jeta un coup d'œil à mon visage et à ma posture. Il se rangea sur le bord de la rue et arrêta la voiture. Il éteignit le moteur et se rapprocha de moi, sa fille encore toute petite blottie dans le coin.

«Les enfants à l'école ont tort, Patty. Le Père Noël existe.»

«Je le savais!» Je poussai un soupir de soulagement.

«Mais je dois t'en dire plus au sujet du Père Noël. Je pense que tu es assez vieille maintenant pour comprendre ce que je vais partager avec toi. Es-tu prête?» Les yeux de mon père brillaient d'un éclat chaleureux et son visage avait une expression douce. Je savais que c'était un moment important et j'étais prête parce que j'avais une absolue confiance en lui. Il ne me mentirait jamais.

«Il était une fois un homme qui voyageait de par le monde et donnait des cadeaux aux enfants méritants partout où il passait. Tu le trouveras dans divers pays sous des noms différents, mais ce qu'il avait dans son cœur était identique dans toutes les langues. En Amérique, nous l'appelons le Père Noël. Il est l'esprit de l'amour inconditionnel et du désir de partager cet amour par l'échange de cadeaux qui viennent du fond du cœur. Quand tu atteins un certain âge, tu te rends compte que le véritable Père Noël n'est pas celui qui descend dans ta cheminée le soir de Noël. Le véritable esprit de ce lutin magique vit à jamais dans ton cœur, dans le mien, dans celui de maman ainsi que dans les cœurs et les esprits de tous les gens qui croient dans la joie que procure le fait de donner aux autres. Le véritable esprit du Père Noël devient ce que tu donnes plutôt que ce que tu reçois. Une fois que tu as compris cela et que ça fait partie de toi, la fête de Noël devient encore plus passionnante et plus magique, parce que tu arrives à savoir que la magie vient de toi quand le Père Noël vit dans ton cœur. Comprends-tu ce que j'essaie de te dire?»

Je regardais avec toute ma concentration un arbre devant nous, à travers le pare-brise. J'avais peur de regarder mon père — la personne qui m'avait dit toute ma vie que le Père Noël existait vraiment. Je voulais croire comme je croyais l'an dernier — que le Père Noël était un gros lutin en costume rouge. Je ne voulais pas avaler la pilule de la croissance et voir les choses différemment.

«Patty, regarde-moi.» Mon père attendait. Je tournai la tête et le regardai.

Mon père avait les larmes aux yeux, lui aussi — des larmes de joie. Son visage rayonnait de la lumière de milliers de galaxies, et je vis dans ses yeux les yeux du Père Noël. Le véritable Père Noël. Celui qui consacrait des heures à choisir des choses spéciales que j'avais désirées pour tous les noëls depuis le jour où je suis venue vivre sur cette planète. Le Père Noël qui mangeait mes biscuits soigneusement décorés et buvait le lait tiède. Le Père Noël qui mangeait sans doute la carotte que j'avais laissée pour le renne au nez rouge. Le Père Noël qui — malgré son absence totale d'habiletés en mécanique — assemblait bicyclettes, wagonnettes et autres articles divers aux petites heures, les matins de Noël.

Je comprenais. Je comprenais la joie, le partage, l'amour. Mon père m'attira à lui dans une étreinte chaleureuse et me tint pendant ce qui me sembla un long moment. Nous pleurions tous les deux.

«Maintenant, tu fais partie d'un groupe spécial de personnes», continua mon père. «Tu vas désormais partager la joie de Noël chaque jour de l'année, pas seulement le jour de Noël. Car maintenant, le Père Noël vit dans ton cœur tout comme il vit dans le mien. C'est ta responsabilité de répondre à l'esprit du don, témoignage de ce Père Noël qui vit en toi. C'est une des choses les plus importantes qui puissent t'arriver dans toute ta vie, parce que tu sais maintenant que le Père Noël ne peut pas exister sans des personnes comme toi et moi pour le maintenir en vie. Penses-tu que tu peux y arriver?»

Mon cœur était gonflé de fierté et je suis sûre que mes yeux brillaient d'excitation. «Bien sûr, papa. Je veux qu'il soit dans mon cœur, tout comme il est dans le tien. Je t'aime, papa. Tu es le meilleur Père Noël qu'il y ait jamais eu dans le monde entier.»

Quand viendra le temps pour moi d'expliquer la réalité du Père Noël à mes enfants, je prie l'esprit de Noël d'être aussi éloquente et aimante que mon père l'était le jour où j'appris que l'esprit du Père Noël ne portait pas de costume rouge. Et j'espère que mes enfants seront aussi réceptifs que je le fus ce jour-là. J'ai pleinement confiance en eux et je pense qu'ils le seront.

Patty Hansen

La petite demoiselle qui changea ma vie

Elle avait quatre ans quand je la vis pour la première fois. Elle transportait un bol de soupe. Elle avait des cheveux dorés, très très fins, et un petit châle rose sur les épaules. J'avais 29 ans à l'époque et j'avais la grippe ce jour-là. J'étais loin de penser que cette petite demoiselle allait changer ma vie.

Sa maman et moi étions amis depuis des années. À la longue, cette amitié se transforma en affection profonde, puis en amour, et finit par conduire au mariage, ce qui fit de nous trois une famille. Au début, j'étais maladroit parce que j'avais toujours à l'esprit l'idée que j'allais être étiqueté comme étant «le beau-père». Et on sait que les beaux-pères sont considérés, à tort ou à raison, comme des ogres, de même qu'ils brouillent souvent la relation spéciale entre l'enfant et son père biologique.

Dès le début, j'essayai de faire une transition naturelle entre le célibat et la paternité. Un an et demi avant notre mariage, je louai un appartement à quelques pâtés de maisons de la leur. Quand il devint évident que nous allions nous marier, j'essayai de consacrer du temps à effectuer une transition harmonieuse entre le statut d'ami et celui de père. Je m'efforçai de ne pas devenir un mur entre ma future fille et son père biologique. Mais je souhaitais ardemment être quelque chose d'important dans sa vie.

Avec les années, je me mis à l'apprécier davantage. Son honnêteté, sa sincérité et sa franchise démontraient une maturité hors du commun. Je savais qu'à l'intérieur de cette enfant vivait une adulte très généreuse et sensible. Malgré tout, je vivais dans la peur qu'un jour, lorsqu'il me faudrait m'affirmer en matière de discipline, elle me jetterait peut-être à la figure que je n'étais pas son «vrai» père. Si je n'étais pas vrai, pourquoi m'écouterait-elle? Mes actions devinrent mesurées. J'étais sans doute plus tolérant que je ne le voulais. J'agissais ainsi dans l'unique but d'être aimé, jouant tout ce temps un rôle que je croyais devoir jouer — pensant que je ne serais pas assez bon ou assez méritant en étant moi-même.

Pendant les années turbulentes de l'adolescence, nous parûmes nous éloigner sur le plan émotif. Je semblais perdre le contrôle (ou du moins l'illusion parentale du contrôle). Elle cherchait son identité, et moi de même. Je trouvais de plus en plus difficile de communiquer avec elle. J'éprouvais un sentiment de perte et de tristesse parce que je m'éloignais de plus en plus de la complicité que nous avions partagée si facilement au début.

À l'école paroissiale qu'elle fréquentait , on organisait une retraite annuelle pour tous les finissants. Évidemment, les élèves s'imaginaient qu'aller en retraite était comme aller passer une semaine au Club Med. Ils montèrent à bord de l'autobus avec leurs guitares et leurs équipements sportifs. Ils étaient loin de se rendre compte que la retraite allait être une rencontre émotive qui pourrait leur laisser une impression durable. Comme parents des participants, on nous avait demandé d'écrire chacun une lettre à notre enfant, en faisant preuve d'ouverture d'esprit et d'honnêteté, et de n'écrire que des choses personnelles sur notre relation. J'écrivis une lettre à propos de la petite fille aux cheveux dorés qui m'avait apporté un bol de soupe quand j'avais eu besoin qu'on prenne soin de moi. Pendant la semaine, les élèves eurent à fouiller leur moi profond. Ils eurent également l'occasion de lire les lettres que les parents avaient rédigées pour eux.

Les parents se réunirent également un soir, pendant cette semaine, pour parler de leurs enfants et leur transmettre des messages positifs. Pendant l'absence de ma fille, je découvris quelque chose en moi qui, je le savais, avait toujours été là, mais auquel je n'avais pas fait face: pour être pleinement apprécié, je n'avais qu'à être simplement moi-même. Je n'avais pas à agir comme si j'étais quelqu'un d'autre. Je ne passerais pas inaperçu si j'étais réellement moi-même. Je n'avais qu'à être le meilleur moi que je puisse être. Cela peut sans doute sembler banal à première vue, mais ce fut l'une des plus grandes découvertes de ma vie.

Le soir vint où les enfants devaient revenir de leur retraite. On demanda aux parents et aux amis qui venaient les chercher d'arriver tôt et nous fûmes invités à entrer dans une vaste salle aux lumières tamisées. Seules brillaient les lumières à l'avant de la salle.

Les élèves défilèrent joyeusement, le visage maculé comme s'ils revenaient tout juste d'un camp d'été. Ils entrèrent bras dessus, bras dessous, chantant une chanson qu'ils avaient choisie comme thème de la semaine. Malgré leurs visages barbouillés, ils rayonnaient d'un nouveau sentiment d'appartenance, d'amour et de confiance en soi.

Quand les lumières s'allumèrent, les enfants se rendirent compte que leurs parents et amis, venus les chercher et partager leur joie, étaient également dans la salle. On permit aux jeunes de faire quelques commentaires à propos de leurs perceptions de la semaine qui venait de s'écouler. Au début, ils s'avançaient avec hésitation et disaient des choses comme: «C'était super» et «Une semaine impressionnante», mais au bout de quelques moments, on put voir une nouvelle vitalité dans les yeux des élèves. Ils commencèrent à révéler des choses qui soulignaient l'importance de ce rite de passage. Ils ne tardèrent pas à se bousculer pour atteindre le microphone. Je remarquai que ma fille était impatiente de dire quelque chose. J'étais tout aussi impatient d'entendre ce qu'elle avait à dire.

Je voyais ma fille progresser lentement vers le micro. Finalement, elle arriva en tête de la file. Elle dit quelque chose comme ceci: «Je me suis bien amusée et j'ai beaucoup appris au sujet de moi-même.» Elle poursuivit: «Je veux dire qu'il y a des personnes et des choses que nous tenons trop souvent pour acquises et nous ne devrions pas le faire; et je veux simplement dire... je t'aime Tony.»

À ce moment, mes genoux faiblirent. Je ne m'attendais absolument pas à ce qu'elle dise quelque chose venant ainsi du fond de son cœur. Aussitôt, les gens autour de moi de mirent à m'étreindre, à me tapoter dans le dos comme pour me montrer qu'ils comprenaient aussi l'importance de cette déclaration remarquable. Pour qu'une adolescente dise ouvertement, devant une salle remplie de gens, «Je t'aime», il faut beaucoup de courage. S'il existe un sentiment plus fort que le comble de la joie, c'est ce que j'ai ressenti.

Depuis, la profondeur de notre relation s'est accrue. J'en suis venu à me rendre parfaitement compte que je n'ai rien à craindre d'être un beau-père. Je n'ai qu'à me préoccuper d'être la vraie personne qui peut échanger un amour honnête avec la même petite fille dont j'ai fait la connaissance il y a tant d'années — portant un bol rempli de ce qui s'est avéré être de la bonté.

Tony Luna

10e rangée, au centre

Un homme s'avança vers moi et se présenta après un de mes séminaires à Détroit, au Michigan. Il dit: «M. Rohn, vous m'avez impressionné ce soir. J'ai décidé de changer toute ma vie.»

Je dis: «Fantastique!»

Il ajouta: «Vous allez en entendre parler un jour.»

Je répondis: «Je n'en doute pas.»

Comme de fait, quelques mois plus tard, de retour à Détroit pour une autre conférence, je vis le même homme s'approcher et dire: «M. Rohn, vous souvenez-vous de moi?»

Je répondis: «Bien sûr. Vous êtes l'homme qui allait changer sa vie.» «C'est bien moi, dit-il. Je dois vous raconter une histoire. Après votre dernier séminaire, j'ai commencé à penser aux façons de changer ma vie et j'ai décidé de commencer dans ma famille. J'ai deux jolies filles — les meilleures enfants qu'on puisse rêver d'avoir. Elles ne me causent jamais d'ennuis. Cependant, je leur en ai toujours fait voir de toutes les couleurs, particulièrement à l'adolescence. Une des choses qu'elles aiment faire, c'est d'aller à des concerts de musique rock où se produisent leurs chanteurs préférés. J'ai toujours été difficile à ce propos. Elles me demandaient la permission d'y aller et je répondais toujours: "Non, la musique est trop forte, vous allez vous abîmer l'ouïe et je n'aime pas vous voir dans ce genre de foule."

«Puis elles me suppliaient: "S'il vous plaît, papa, nous voulons y aller. Nous ne te causons pas d'ennuis. Nous sommes de bonnes filles. S'il vous plaît, laisse-nous y aller."

«Après beaucoup de supplications de leur part, je finissais par leur lancer à regret l'argent nécessaire et je leur disais: "D'accord, si vous y tenez à ce point." C'est à ce sujet-là que j'ai décidé de faire quelques changements dans ma vie.» Puis il ajouta: «Voici ce que j'ai fait. Il n'y a pas très longtemps, j'ai vu une annonce de la venue prochaine de l'un de leurs chanteurs préférés. Devinez ce que j'ai fait? Je me suis rendu à la salle de concert et j'ai acheté les billets moi-même! Plus tard ce jour-là, je leur ai remis l'enveloppe en disant: "Mes filles, vous ne le croirez peut-être pas, mais là-dedans se trouvent vos billets pour le prochain concert." Puis j'ai ajouté ceci: "Vos jours de supplications sont finis." Là mes filles n'en croyaient pas leurs oreilles. Finalement, je leur ai fait promettre de ne pas ouvrir l'enveloppe avant d'arriver au concert, et elles acquiescèrent. Vint le jour du concert. Lorsqu'elles arrivèrent, elles ouvrirent l'enveloppe et tendirent les billets au placier qui dit: "Suivez-moi." Tandis qu'il les guidait vers l'avant de la salle, les filles dirent: "Attendez. Il y a quelque chose qui ne va pas." Regardant les billets, le placier leur dit: «Il n'y a pas de problème. Suivez-moi.» Finalement, elles arrivèrent à la 10e rangée, au centre. Les filles étaient renversées. Je restai debout tard ce soir-là et, vers minuit, mes filles entrèrent en coup de vent. L'une d'elles atterrit sur mes genoux tandis que l'autre enroulait ses bras autour de mon cou. Et elles me dirent toutes deux: "Papa, tu dois être un des plus merveilleux pères du monde!"»

Quel bon exemple illustrant qu'il est possible, grâce à un petit changement d'attitude et à une petite pensée, de mener une bonne vie.

Jim Rohn

Les lettres annuelles

Peu de temps après la naissance de ma fille Juli-Ann, j'ai commencé une tradition d'amour et je sais que d'autres (avec qui j'ai plus tard partagé ce projet spécial) l'ont également reprise. Je vous fais part ici de l'idée à la fois pour que mon histoire vous réchauffe le cœur et aussi pour vous encourager à commencer cette tradition avec votre propre famille.

Chaque année, à son anniversaire, j'écris une lettre à ma fille. Je la remplis d'anecdotes amusantes qui se sont passées au cours de l'année, des écueils ou des joies, des problèmes qui sont importants dans ma vie ou dans la sienne, des événements de la scène mondiale, de mes prévisions pour l'avenir, des pensées diverses, etc. J'ajoute à la lettre des photos, des cadeaux, des bulletins scolaires et plusieurs autres genres de souvenirs qui auraient sûrement disparu autrement au fil des ans.

Je conserve une grande enveloppe dans le tiroir de mon bureau dans laquelle je place, tout au long de l'année, les choses que je veux inclure dans sa prochaine lettre annuelle. Chaque semaine, je prends des notes sur ce que je pense des événements de la semaine dont je voudrai me rappeler plus tard dans l'année, quand je rédigerai ma lettre annuelle. Lorsque l'anniversaire de Juli-Ann approche, je sors la grande enveloppe qui déborde d'idées, de pensées, de poèmes, de cartes, de trésors, d'histoires, d'incidents et de souvenirs de toutes sortes — plusieurs que j'ai déjà oubliés — que je transcris alors avec empressement dans la lettre de cette année-là.

Une fois la lettre rédigée et tous les trésors insérés dans l'enveloppe, je la cachette. Elle devient alors la lettre annuelle de cette année. Sur l'enveloppe, j'inscris toujours «Lettre annuelle à Juli-Ann de son papa, à l'occasion de son *nième* anniversaire — à ouvrir lorsqu'elle aura 21 ans.»

C'est une capsule historique d'amour pour chaque année de sa vie, à son intention lorsqu'elle sera devenue adulte. C'est un cadeau de souvenirs affectueux d'une génération à la suivante. C'est un registre permanent de sa vie, rédigé pendant qu'elle la vit.

Nous avons une tradition: je lui montre l'enveloppe scellée, avec la mention inscrite dessus disant qu'elle pourra la lire le jour de ses 21 ans. Puis je l'emmène à la banque, j'ouvre le coffret de sûreté et je place la lettre annuelle de cette année sur le dessus de la pile grossissante des lettres précédentes. Parfois, elle les sort toutes pour les regarder et les manipuler. Parfois elle me pose des questions à propos de leur contenu, mais je refuse toujours de le lui révéler.

Au cours des dernières années, Juli-Ann m'a donné quelques-uns de ses trésors intimes d'enfance, parce qu'elle se considère trop vieille pour ces objets, mais ne veut pas les perdre. Et elle me demande de les inclure dans sa lettre annuelle afin qu'elle les ait toujours.

Cette tradition de rédiger ces lettres annuelles est maintenant une de mes tâches les plus sacrées de père. Et, à mesure que Juli-Ann grandit, je peux voir que cela fait aussi partie de sa croissance et de sa vie.

Un jour, nous étions assis avec des amis, réfléchissant à l'avenir. Je ne me rappelle pas les mots exacts de la conversation, mais c'était quelque chose comme ceci: je disais à Juli-Ann que le jour de son 61e anniversaire, elle jouerait avec ses petits-enfants. Puis, je fabulais encore, prédisant que le jour de son 31e anniversaire, elle conduirait ses enfants à une pratique de hockey. Jouant le jeu avec humour et encouragé par le plaisir évident de Juli-

Ann devant mes fantaisie, je poursuivis: «Le jour de tes 21 ans, tu vas recevoir ton diplôme universitaire.» «Non, interrompit-elle, je serai trop occupée à lire!»

Un de mes plus chers désirs est d'être en vie et présent pour jouir du merveilleux moment où elle ouvrira les capsules historiques et où les montagnes d'amour accumulées débouleront du passé pour revenir dans la vie d'adulte de ma fille.

Raymond L. Aaron

La grande chemise jaune

La grande chemise jaune avait des manches longues, quatre très grandes poches bordées de fil noir et des boutons-pression sur le devant. Pas terriblement attrayante, mais utilitaire sans aucun doute. Je l'avais trouvée en décembre 1963, pendant ma première année à l'université, alors que j'étais de retour à la maison pour les vacances de Noël.

Un des plaisirs de mes vacances à la maison était l'occasion qu'elles me fournissaient de fouiller dans les vieilleries que ma mère réservait à des gens moins fortunés. Elle parcourait la maison à intervalles réguliers, à la recherche de vêtements, literie et articles ménagers à donner, et la sélection était toujours rangée dans des sacs en papier déposés sur le plancher de la penderie du vestibule.

Fouillant dans la sélection de maman, un jour, je tombai sur une chemise jaune trop grande, légèrement décolorée par des années d'usure, mais encore en bon état.

«Juste ce qu'il me faut pour porter par-dessus mes vêtements pendant le cours d'arts plastiques!» pensai-je.

«Tu ne vas pas prendre cette vieillerie?», me dit maman quand elle me vit la mettre dans mes bagages. «Je la portais quand j'étais enceinte de ton frère, en 1954!»

«C'est parfait pour le cours d'arts plastiques, maman. Merci!» Je la glissai dans ma valise avant qu'elle ne s'objecte.

La chemise jaune devint partie intégrante de ma garde-robe universitaire. Je l'aimais. Tout au long de mes études, je la gardai avec moi, toujours agréable à jeter par-dessus mes vêtements lors de travaux salissants.

J'avais dû renforcer les coutures sous les bras avant la fin de mes études, mais ce vieux vêtement promettait encore bien des années d'usage.

Après la collation des grades, je déménageai à Denver et portai la chemise le jour où j'emménageai dans mon nouvel appartement. Puis je la portai les samedis matin pour faire le ménage. Ces quatre grandes poches sur le devant — deux à la poitrine et deux au niveau des hanches — étaient parfaites pour transporter les torchons, la cire et autres nettoyants.

L'année suivante, je me mariai. Quand je devins enceinte, je découvris la chemise jaune au fond d'un tiroir et la portai pendant les mois de gros ventre. Bien que j'eus des regrets de ne pas pouvoir partager ma première grossesse avec papa, maman et le reste de ma famille, puisque nous étions au Colorado et eux en Illinois, cette chemise me rappela leur chaleur et leur protection. Je souriais et serrais la chemise sur moi en me rappelant que ma mère l'avait portée quand elle était enceinte.

En 1969, après la naissance de ma fille, la chemise avait déjà au moins 15 ans. Ce Noël-là, je posai une pièce sur un des coudes, la lavai et la repassai, l'emballai dans un papier du temps des Fêtes et l'envoyai à maman. En souriant, je glissai un mot dans une des poches, disant: «J'espère qu'elle t'ira. Je suis sûre qu'elle aura grand air sur toi!» Lorsque maman m'écrivit pour me remercier de ses «vrais» cadeaux, elle me dit que la chemise jaune était jolie. Elle ne m'en reparla plus jamais après cela.

L'année suivante, mon mari, ma fille et moi déménageâmes de Denver à St-Louis, et nous arrêtâmes chez maman et papa à Rock Falls, en Illinois, pour y prendre quelques pièces de mobilier. Plusieurs jours plus tard, en sortant la table de cuisine de sa boîte, je remarquai quelque chose de jaune fixé sous la table. La chemise! Et la tradition s'établit.

Lors de notre visite suivante à la maison, je glissai en cachette la chemise entre le matelas et le sommier du lit de papa et maman. Je ne sais pas combien de temps elle mit pour la découvrir, mais il se passa près de deux ans avant qu'elle ne me revienne.

Pendant ce temps, notre famille s'était agrandie.

Cette fois, maman se vengea. Elle la mit sous la base d'une lampe dans notre salon, sachant que pour une mère de trois jeunes enfants, le grand ménage et le déplacement des lampes ne seraient pas des événements quotidiens.

Lorsque je finis par trouver la chemise, je la portai souvent pour remettre à neuf du mobilier ancien que je trouvais dans des ventes de charité. Les taches de noyer sur la chemise ajoutaient simplement un peu plus de caractère à toute son histoire.

Malheureusement, nos vies aussi étaient pleines de taches.

Mon mariage avait battu de l'aile dès le début. Après plusieurs tentatives de consultation conjugale, mon mari et moi divorçâmes en 1975. Les trois enfants et moi décidâmes de retourner en Illinois, afin d'être plus près du soutien affectif de la famille et des amis.

Alors que je préparais le déménagement, une profonde dépression s'empara de moi. Je me demandais si je pourrais y arriver avec trois jeunes enfants à élever. Je me demandais si je réussirais à me trouver un emploi. Bien que je n'aie pas lu la Bible depuis mes années à l'école catholique, je me mis à la feuilleter, cherchant du réconfort. Dans l'épître aux Éphésiens, je lus cette phrase: «C'est pour cela qu'il vous faut endosser l'armure de Dieu, afin qu'au jour mauvais vous puissiez résister et, après avoir tout mis en œuvre, rester fermes.»

J'essayai de m'imaginer portant l'armure de Dieu, mais tout ce que je voyais, c'était moi portant la chemise jaune toute tachée. Bien sûr! L'amour de ma mère n'était-il pas une pièce de l'armure de Dieu? Je souris et me rappelai le plaisir et les bons sentiments que la chemise jaune avait apportés dans ma vie au fil des ans. Mon courage était renouvelé et, malgré tout, l'avenir ne me semblait plus aussi inquiétant.

Une fois installée dans notre nouvelle maison et me sentant beaucoup mieux, je sus que je devais retourner la chemise à ma mère. À ma visite suivante, je la glissai dans le dernier tiroir de sa commode, sachant que la saison des lainages était encore loin.

Dans l'intervalle, ma vie se déroulait merveilleusement. J'avais trouvé un emploi dans un poste de radio et les enfants s'épanouissaient dans leur nouvel environnement.

Un an plus tard, pendant une corvée de lavage de fenêtres, je trouvai la chemise jaune toute froissée cachée dans un sac de torchons, au fond de mon placard d'articles de nettoyage. Elle arborait quelque chose de nouveau. Sur la partie supérieure de la poche à hauteur de poitrine, les mots suivants étaient brodés d'un beau vert brillant: «*J'appartiens à Pat*». Ne voulant pas demeurer en reste, je pris mon propre nécessaire de broderie et je modifiai l'inscription pour qu'elle se lise ainsi: «*J'appartiens à la mère de Pat*».

Une fois de plus, je refis au point de zigzag toutes les coutures effilochées. Puis je sollicitai l'aide d'un bon ami, Harold, pour expédier la chemise à maman. Il fit en sorte qu'une connaissance poste la chemise depuis Arlington, en Virginie. Nous y avions ajouté une lettre annonçant que ma mère se méritait un prix pour ses bonnes actions. La lettre, rédigée sur du papier à en-tête de l'école où Harold était directeur adjoint, venait de l'«Institut pour les démunis».

Ce fut mon heure de gloire. J'aurais donné n'importe quoi pour voir le visage de maman quand elle ouvrit la boîte du «prix» et vit la chemise à l'intérieur. Mais, bien sûr, elle ne le mentionna jamais.

Le jour de Pâques, l'année suivante, ma mère réussit un coup de grâce. Elle arriva chez nous avec un port royal, portant la vieille chemise par-dessus sa belle tenue de Pâques, comme si cela faisait partie intégrante de sa garde-robe.

Je suis sûre que je demeurai bouche bée, mais je ne dis rien. Pendant le repas de Pâques, un grand rire roulait dans ma gorge. Mais j'étais déterminée à ne pas rompre le charme ininterrompu que la chemise avait tissé dans nos vies. J'étais sûre que maman enlèverait la chemise et essayerait de la cacher chez moi, mais quand elle et mon père repartirent, elle arborait toujours fièrement le «*J'appartiens à la mère de Pat*», comme un blason.

Un an plus tard, Harold et moi nous mariâmes. Le jour de notre mariage, nous avions caché notre voiture dans le garage d'un ami pour éviter les blagues habituelles. Après la cérémonie, tandis que mon mari et moi roulions vers le Wisconsin où nous avions réservé une suite pour notre lune de miel, j'étendis mon bras pour prendre un oreiller afin d'appuyer ma tête. Je sentis une bosse dans l'oreiller. Je défis la fermeture éclair de l'oreiller et découvris un cadeau, emballé dans du papier de noces.

Je pensai aussitôt que c'était un cadeau surprise de Harold. Mais il avait l'air aussi étonné que moi. À l'intérieur de la boîte se trouvait la chemise jaune, fraîchement repassée.

Ma mère savait que j'avais besoin de la chemise pour me rappeler que le sens de l'humour, assaisonné d'amour, est un des plus importants ingrédients d'un mariage heureux. Dans une poche, il y avait un mot: «Lis Jean 14, 27-29. Je vous aime tous les deux. Maman.»

Ce soir-là, je feuilletai la Bible que je trouvai dans la chambre d'hôtel et repérai les versets en question: «Je vous laisse ma paix; c'est ma paix que je vous donne; je ne vous la donne pas comme le monde la donne. Que votre cœur ne se trouble ni ne s'effraie. Vous avez entendu que je vous ai dit: Je m'en vais et je reviendrai vers vous. Si vous m'aimez, vous vous réjouirez de ce que je vais vers le Père, parce que le Père est plus grand que moi. Je vous le dis maintenant avant que cela n'arrive, pour qu'au moment où cela arrivera, vous croyiez.»

La chemise fut le dernier cadeau de ma mère.

Elle savait depuis trois mois avant mon mariage qu'elle était atteinte d'une maladie incurable, la sclérose latérale amyotrophique (maladie de Lou Gehrig). Elle mourut 13 mois plus tard, à l'âge de 57 ans. Je dois avouer que je fus tentée d'enterrer la chemise jaune avec elle. Mais je suis heureuse de ne pas l'avoir fait, parce qu'elle est un rappel vivant du jeu rempli d'amour que nous avons joué toutes les deux pendant 16 ans.

D'ailleurs, ma fille aînée est à l'université maintenant, elle étudie en art... et chaque étudiant en art a besoin d'une grande chemise jaune aux poches profondes pour les cours d'arts plastiques!

Patricia Lorenz

Le cadeau

«Grand-papa, s'il vous plaît, viens», dis-je, sachant qu'il ne viendrait pas. Une lumière pâle filtrait par la fenêtre poussiéreuse de la cuisine. Il était assis bien droit sur sa chaise rembourrée, ses bras épais reposant sur la table, me fixant sans me voir. C'était un Italien du vieux pays, bourru et hargneux, avec une mémoire infaillible pour les blessures passées, réelles et imaginaires. Quand il se sentait irritable, il répondait par un grognement. Il en proféra un en cet instant, qui voulait dire non.

«Allons, papi», supplia ma sœur de six ans, Carrie. «Je veux que tu viennes.» De vingt et un ans ma cadette, elle avait été un ajout tardif étonnant à notre famille. «Je vais faire tes biscuits préférés, juste pour toi. Maman a dit qu'elle me montrerait à les faire.»

«C'est pour l'Action de grâces, pour l'amour de Dieu, dis-je. Tu ne t'es pas joint à nous depuis quatre ans maintenant. Tu ne penses pas qu'il est temps de laisser le passé reposer en paix?»

Il me jeta un coup d'œil, ses yeux bleus reflétant la même intensité féroce qui avait intimidé la famille entière toutes ces années. Sauf moi. Je ne sais pas pourquoi, je le connaissais. Peut-être que je partageais plus sa solitude que je ne voulais l'admettre, et la même incapacité à laisser voir mes émotions. Quelle que soit la raison, je savais ce qui se passait en lui. *Je suis un Dieu jaloux qui punit la faute des pères sur les enfants*, avait-il été écrit, et c'était exact. Quelle souffrance se produit à cause de l'infortuné «cadeau» que chaque enfant mâle reçoit avant même d'être assez vieux pour décider s'il l'accepte, cette conception erronée de la masculinité. Il en résulte que nous sommes durs à l'extérieur, impuissants à l'intérieur, et les quelques mètres qui me séparaient de mon grand-père auraient tout aussi bien pu se mesurer en années-lumière.

Carrie continuait à bavarder, essayant toujours de le convaincre. Elle n'avait aucune idée à quel point c'était sans espoir.

Je me levai et marchai jusqu'à la fenêtre qui surplombait la cour arrière. Dans la lumière hivernale, le jardin échevelé était d'un gris délicat, envahi par un enchevêtrement de mauvaises herbes et de vignes poussant à l'état sauvage. Grand-papa y faisait des miracles, autrefois — un substitut, peut-être, pour son incapacité à orchestrer sa propre nature. Mais après la mort de grand-maman, il laissa le jardin aller à l'abandon, se repliant toujours davantage sur lui-même.

Me détournant de la fenêtre, je l'étudiai dans la pénombre croissante. De son menton proéminent à ses épaisses mains rugueuses, tout en lui reflétait la discipline implacable dont sa vie avait été pétrie: le travail dès l'âge de 13 ans, l'humiliation du chômage pendant la Crise de 29, des décennies de travail manuel dur à la carrière de pierre Trenton. Pas une vie facile.

Je l'embrassai sur la joue. «Il faut que nous partions maintenant, grand-papa. Je viendrai te chercher si tu décides de venir.»

Il demeura assis, figé comme une statue, le regard fixé droit devant lui, tirant sur sa vieille pipe.

Quelques jours plus tard, Carrie me demanda l'adresse de grand-papa.

«Pourquoi?» lui demandai-je.

Elle pliait soigneusement une feuille de papier afin qu'elle tienne dans une enveloppe bleue. «Je veux lui envoyer un cadeau. Je l'ai fait moi-même.»

Je lui dictai l'adresse, marquant une pause après chaque ligne, le temps qu'elle l'écrive au complet. Elle écrivait lentement, se concentrant sur chaque lettre et sur chaque chiffre, nets et bien formés. Quand elle finit, elle déposa son crayon et dit fermement: «Je veux la mettre à la poste moi-même. Peux-tu m'emmener à la boîte aux lettres?»

«On le fera plus tard, d'accord?»

«Il faut que je le fasse tout de suite. S'il vous plaît?»

Alors nous y allâmes.

Le jour de l'Action de grâces, je me réveillai tard, avec l'odeur délicieuse de la sauce tomate. Maman préparait son dîner spécial de ravioli, dinde, brocoli, patates douces et gelée de canneberges, un merveilleux amalgame de traditions italiennes et américaines. «Il faut seulement quatre places, Carrie», dit-elle en entrant dans la cuisine.

Carrie secoua la tête. «Non, maman, il en faut cinq. Papi va venir.»

«Oh, chérie», dit maman.

«Il va venir, dit ma sœur. Je le sais.»

«Carrie, arrête un peu. Il ne vient pas et tu le sais», dis-je. Je ne voulais pas voir sa journée gâtée par une déception cruelle.

«John, laisse-la faire.» Maman regarda Carrie: «Mets une place de plus alors.»

Papa venait du salon. Il se tenait dans l'embrasure de la porte, les mains dans les poches, regardant Carrie dresser la table.

Finalement, nous nous assîmes à table. Pendant un moment, nous gardâmes silence. Puis, regardant Carrie, maman dit: «Je pense que c'est le moment de dire le bénédicité, maintenant. Carrie?»

Ma sœur regarda vers la porte. Puis, elle redressa le menton, pencha sa tête et murmura: «Bénis-nous, mon Dieu, ainsi que la nourriture que nous allons prendre. Et bénis grand-papa... et aide-le à se dépêcher. Merci, mon Dieu.»

Nous lançant des regards les uns les autres, nous demeurâmes assis en silence, personne n'osant sceller l'absence de grand-papa et décevoir Carrie en commençant à manger. On entendait le tic-tac de l'horloge.

Soudain, il y eut un coup étouffé à la porte. Carrie se leva d'un bond et courut dans le couloir. Elle ouvrit la porte à toute vitesse. «Papi!» Il se tenait droit dans son costume noir reluisant, le seul qu'il possédât, pressant d'une main un feutre noir sur sa poitrine et de l'autre tenant un sac brun. «J'apporte des courges», dit-il, tendant le sac.

Plusieurs mois après, grand-papa mourut tranquillement dans son sommeil. En faisant le ménage de sa commode, je trouvai une enveloppe bleue, avec une feuille de papier pliée à l'intérieur. C'était un dessin enfantin représentant notre table de cuisine avec cinq chaises autour. Une des chaises était vide, les autres étaient occupées par des bonhommes-allumettes étiquetés maman, papa, Johny et Carrie. Des cœurs étaient tracés sur nous quatre, chacun arborant une fissure en zigzag au milieu.

John Catenacci

Elle s'en est souvenue

Ma mère est la personne la plus douce et la meilleure que vous puissiez imaginer. Elle a toujours été très intelligente et bien articulée. Nous avons toujours été très proches. C'est également une personne dont le cerveau est de plus en plus ravagé et dont l'identité disparaît petit à petit dû à la maladie d'Alzheimer. Elle glisse lentement loin de nous depuis dix ans. Pour moi, c'est une mort progressive, un lent processus de lâcher prise et d'affliction continue. Bien qu'ayant presque perdu toute habileté à prendre soin d'elle-même, elle reconnaissait tout de même encore sa famille immédiate. Je savais qu'avant longtemps cela aussi changerait et, finalement, il y a environ deux ans, ce jour arriva.

Mes parents nous rendaient visite presque tous les jours et nous passions d'agréables moments, mais tout à coup, un lien s'était rompu: ma mère ne me reconnaissait plus comme sa fille. Elle disait à mon père: «Oh, ce sont des gens tellement gentils.» Lui dire que j'étais sa fille ne changeait absolument rien. J'avais maintenant joint les rangs des «gentils voisins». Quand je l'étreignais pour lui dire au revoir, je me fermais les yeux et j'imaginais que c'était ma mère d'il y a plusieurs années. Je m'imprégnais de toutes les sensations familières que j'avais connues pendant 36 ans — son corps chaud et réconfortant, le serrement de ses bras et la douce odeur qui était sienne.

J'éprouvais de la difficulté à accepter cette partie de la maladie et à composer avec elle. Je passais par des difficultés personnelles à cette époque de ma vie et j'avais particulièrement besoin de ma mère. Je priais pour nous deux et méditais sur le besoin que j'avais d'elle.

Un après-midi de fin d'été alors que je préparais le dîner, mes prières furent exaucées et je fus prise au dépourvu. Mes parents et mon mari étaient dehors sur la terrasse lorsque ma mère se leva soudainement comme si un éclair l'avait frappée. Elle courut dans la cuisine, me prit doucement par derrière et me fit tourner. Avec une profonde compréhension dans les yeux qui semblait transcender le temps et l'espace, elle me demanda, les larmes aux yeux et la voix remplie d'émotion, si c'était bien vrai que j'étais son bébé. Envahie par l'émotion, je m'écriai que oui, c'était vrai. Nous nous étreignîmes et pleurâmes, ni l'une ni l'autre ne voulant mettre fin à ce moment magique. Je savais qu'il pouvait disparaître aussi rapidement qu'il était apparu. Elle dit qu'elle se sentait très proche de moi et que j'étais une gentille personne, mais que ça lui était venu à l'esprit tout à coup que j'étais son enfant. Nous éprouvions du soulagement et de la joie. J'acceptai ce cadeau de Dieu et le savourai, même s'il ne devait durer que l'espace de ce moment ou d'une heure ou d'un jour. Nous avions bénéficié d'une rémission de cette affreuse maladie et ce lien particulier entre nous s'était renoué. Il y avait à nouveau un éclat dans ses yeux, un éclat qui avait disparu depuis un long moment.

Bien que l'état de ma mère ait continué à se détériorer, elle se rappelle qui je suis et un an s'est écoulé depuis ce bel après-midi d'été. Elle me jette un regard et un sourire particuliers qui semblent dire: «Nous partageons un secret que personne d'autre ne connaît.» Il y a quelques mois, elle était ici et nous avions un autre visiteur; elle commença à caresser mes cheveux en disant fièrement: «Saviez-vous qu'elle est mon bébé?»

Lisa Boyd

3

La mort
et les mourants

La mort est un défi.
Elle nous enseigne à ne pas perdre de temps...
Elle nous enseigne à dire la vérité
maintenant que notre amour est partagé.

Leo F. Buscaglia

Va vers la lumière

Jusqu'à il y a environ six ans, la seule valeur sûre de Gilroy, en Californie, était l'ail; puis un petit ange vint au monde. Shannon Brace était un bébé miracle pour sa mère, Laurie, à qui l'on avait dit des années auparavant qu'elle ne pourrait jamais avoir d'enfant. Elle était enceinte de jumeaux depuis trois mois et demi lorsque l'un d'eux mourut. Dès lors, la petite Shannon montra les premiers signes d'une enfant courageuse qui s'accroche à la vie et ne veut pas mourir. Les médecins prétendaient qu'elle ne vivrait pas longtemps, mais avec amour et détermination, elle vécut quelques années de plus.

À un moment, les médecins durent récolter de la moelle de son os iliaque. Shannon souffrait d'une tumeur sinusale endodermique, ou cancer des cellules germinales. Chaque année, aux États-Unis, seuls 75 des 7 500 enfants atteints du cancer reçoivent un diagnostic de cancer des cellules germinales.

Shannon subit de la chimiothérapie pendant deux ans avant de recevoir une transplantation de moelle. Il s'agit d'une opération très dangereuse dont le résultat est loin d'être assuré. Une autogreffe de moelle de concert avec une dose presque mortelle de chimiothérapie la menèrent entre la vie et la mort.

On dit à la mère que sa fille ne marcherait plus après la chimiothérapie et qu'elle resterait paralysée. Elle marcha, même si elle ne pesait que 12 kilos. Laurie disait: «Ces enfants font preuve d'une volonté incroyable.» Son courage était étonnant, même jusqu'à la fin; elle refusait catégoriquement d'abandonner. Shannon reçut un trophée au concours de beauté de Santa Clara, un prix de courage.

Le père de Shannon, Larry, était devenu handicapé à la suite d'un accident de motocyclette qui lui avait brisé le cou, le dos et les deux jambes — à peu près au moment où fut découverte la maladie de Shannon. Larry, qui restait à la maison le jour avec Shannon, dit: «Elle avait la plus grande volonté de vivre. Elle voulait prouver que tout le monde avait tort.»

Laurie expliquait que sa famille vivait d'espoir. À la voir, on n'aurait jamais dit que Shannon comprenait qu'elle allait mourir. Elle débordait d'enthousiasme et d'amour, et se préoccupait intensément de ceux qui l'entouraient. Pendant son séjour au Centre médical de Stanford, elle perdit plus d'amis en quelques années que la plupart des personnes âgées en perdent au cours de toute leur vie.

Pendant l'un de ses moments difficiles, Shannon se réveilla une nuit, s'assit dans son lit et, en se pressant contre ses parents, elle demanda à sa mère de ne pas la forcer à aller au ciel. Laurie répondit d'une voix brisée: «Mon Dieu, comme je voudrais te le promettre.»

Parfois, elle n'avait pas la langue dans sa poche. Un jour, alors qu'elle était à l'épicerie avec sa mère, un homme affable décida de faire preuve d'humour et dit: «Vous lui avez bien rasé la tête à ce petit!» Sans vouloir être offensante, Shannon répliqua: «Vous savez, monsieur, je suis une petite fille et j'ai le cancer et je peux mourir.»

Un matin que Shannon toussait de façon excessive, sa mère dit: «Nous devons retourner à Stanford.»

«Non, ça va», répondit Shannon.

«Je crois que nous devons y aller, Shannon.»

«Non, c'est seulement un rhume.»

«Shannon, nous devons y aller!»

«D'accord, mais seulement pour trois jours, sinon je rentre sur le pouce.»

La persévérance et l'optimisme de Shannon lui permirent d'avoir une vie bien remplie; il en fut de même de ceux qui eurent le bonheur de l'entourer.

La vie de Shannon était centrée hors d'elle-même et de ses besoins. Quand elle se retrouvait alitée à l'hôpital, très malade, il lui arrivait souvent de sauter du lit pour prendre soin d'une camarade de chambre dans le besoin.

Un autre jour, en voyant un étranger qui marchait devant chez elle et qui semblait très triste, elle courut vers lui, lui tendit une fleur et lui souhaita une bonne journée.

À une autre occasion, Shannon reposait à l'hôpital pour enfants de Stanford, un vendredi après-midi, et ses lèvres laissaient passer quelques gémissements pendant qu'elle serrait bien fort sa petite couverture préférée, tout usée. Se réveillant de l'anesthésie, elle était secouée de hoquets et de sanglots. Encore une fois, sans se préoccuper de ses besoins, elle s'enquit du bien-être de ceux qui l'entouraient.

Les yeux à peine ouverts, une de ses premières questions fut pour sa mère: «Comment ça va?»

«Je vais très bien, Shannie, répondit sa mère, toi, comment vas-tu?»

Aussitôt que son hoquet et ses larmes eurent cessé, elle dit: «Ça va».

Shannon s'était engagée personnellement dans les levées de fonds locales, car l'assurance que détenait sa famille ne suffisait pas à couvrir les frais occasionnés par son traitement. Elle se rendit dans une conserverie de

Gilroy, s'avança vers la première personne qu'elle vit et entama une conversation. Elle était rayonnante de lumière et d'amour envers tout le monde. Elle ne faisait jamais de distinction entre les personnes. Elle dit enfin: «J'ai le cancer et je pourrais mourir.» Plus tard, lorsqu'on demanda à cet homme s'il acceptait de donner des conserves de son usine pour la cause de Shannon, il répondit: «Donnez-lui tout ce qu'elle veut, y compris ma carte d'affaires.»

La mère de Shannon, Laurie, décrivait sa fille et les enfants en phase terminale de la façon suivante: «Ils prennent chaque parcelle de vie et l'étirent au maximum. Eux n'ont plus d'importance; c'est le monde qui les entoure qui prend toute l'importance.»

À l'âge de quatre ans, Shannon, le petit ange, balançait entre la vie et la mort; sa famille savait que la fin était proche. Réunis autour d'elle, ses parents et amis l'incitaient à marcher vers la lumière. Shannon répondait: «La lumière est trop brillante.» Encouragée à marcher vers les anges, elle répliquait: «Ils chantent trop fort.»

Si vous passez un jour devant la pierre tombale de Shannon dans le cimetière de Gilroy, vous pourrez lire ce que sa famille a écrit: «Puisses-tu toujours marcher main dans la main avec les autres anges. Rien au monde ne pourra changer l'amour que nous avons pour toi.»

Le 10 octobre 1991, le *Dispatch*, journal local de Gilroy, publia cette lettre que Damien Codara, 12 ans, avait écrit à son amie Shannon juste avant son décès:

Va vers la lumière, Shannon, là où t'attendent tous ceux qui t'ont précédée, avec l'impatience de sentir enfin ta présence. Ils t'accueilleront à bras ouverts, avec amour, avec des rires et avec un sentiment de bonheur comme il n'en existe nul autre, sur la terre comme au ciel. Shannon, il n'y a plus de douleur ni de souffrance. La tristesse est une impossibilité. Quand tu entres dans la lumière, tu peux jouer avec tous tes amis qui ont mystérieusement disparus pendant que tu combattais bravement ce terrible fléau qu'est le cancer et que tu esquivais astucieusement la Grande Faucheuse et sa noire colère.

Tous ceux qui restent souffriront amèrement de ton absence et regretteront ton caractère très particulier, mais tu vivras toujours dans nos cœurs et dans notre esprit. Grâce à toi, tous ceux qui t'ont connue se sont rapprochés les uns des autres.

Ce qui est véritablement merveilleux, c'est la manière dont tu as surmonté les problèmes et les obstacles que tu rencontrais, les uns après les autres. Malheureusement, la dernière confrontation aura raison de toi. Plutôt que de penser que tu aurais renoncé, nous admirons ton courage et ta bravoure. D'une certaine manière, nous sommes soulagés que tu connaisses enfin la liberté d'être maintenant une petite fille normale, et sache que tu as probablement accompli plus que la plupart d'entre nous n'accomplirons jamais.

Les cœurs que tu as touchés ne perdront plus jamais ce sentiment d'amour. Ainsi, Shannon, lorsque tu te retrouveras seule dans un tunnel sombre et que tu apercevras un filet de lumière, souviens-toi de nous, Shannie, et trouve le courage d'aller vers la lumière.

Donna Loesch

Suki... toujours
ma meilleure amie

Lorsque j'étais petit, je ne pouvais pas comprendre pourquoi je devais prier seulement pour les humains. Quand ma mère m'avait embrassé et souhaité bonne nuit, j'avais l'habitude d'ajouter une prière silencieuse que j'avais composée pour toutes les créatures vivantes.

Albert Schweitzer

La première fois que je la vis, elle était assise parmi plusieurs chiens qui sautillaient et jappaient, tentant tous d'attirer mon attention. Avec dignité et calme, elle me regarda de ses grands yeux bruns, doux et limpides, remplis d'intelligence qui nous transportèrent toutes les deux bien loin du chenil. Ses yeux étaient ce qu'elle avait de mieux. Le reste paraissait assemblé par quelqu'un possédant un grand sens de l'humour et un accès à plusieurs races de chiens. La tête d'un basset allemand, des taches de terrier, des pattes qui auraient mieux convenu à un corgi gallois et la queue... d'un doberman? Le tout composait un tableau étonnant... le chien le plus laid que j'aie jamais vu.

Je lui donnai le nom de Suki Sue Shaw. Je dois dire, enfin, qu'elle avait à peu près trois ou quatre mois la première fois que nous nous rencontrâmes, mais semblait avoir 14 ou 15 ans. À six mois, les gens demandaient: «Mais quel âge a cette chienne? Elle semble avoir roulé sa bosse depuis longtemps!» Lorsque je répondais qu'elle n'avait que six mois, inévitablement un long silence s'ensuivait, marquant souvent la fin de la conversation.

Elle ne fut jamais le genre de chien susceptible de susciter une conversation avec les garçons que je souhaitais rencontrer sur la plage, seulement avec les vieilles dames qui éprouvaient de la sympathie pour elle.

Pourtant, elle était douce, gentille et très intelligente; exactement la compagne dont j'avais besoin pour m'aider à effacer les souvenirs amers d'une peine d'amour. Elle aimait dormir sur mes pieds... pas au pied de mon lit, mais bien sur mes pieds. Chaque fois que je tentais de me retourner, la nuit, je sentais la fermeté de son petit corps tout rond et j'avais l'impression d'avoir les jambes coincées sous une enclume. Avec le temps, nous avions fini par faire la paix: elle dormait sur mes pieds et j'appris à me retourner moins souvent.

Suki vivait avec moi quand je rencontrai mon premier mari. Il était heureux que j'aie un chien puisqu'il en avait un lui aussi. Son chien n'était pas très bien vu par ses colocataires, car il n'y avait plus de meubles sur lesquels s'asseoir: son chien les avait tous grugés. Mon ami était ravi parce qu'il croyait que s'il laissait son chien avec le mien, celui-ci aurait autre chose à faire que manger les meubles. Ce fut le cas. Ma chienne devint enceinte.

En effet, je rentrais à peine d'une promenade sur la plage avec Suki et bien que son apparence ne se fut pas améliorée à mes yeux, pour tous les chiens mâles dans un rayon de cinq kilomètres, elle était une véritable tentatrice. Elle soulevait sa queue et relevait la tête comme si elle était une princesse de spectacle canin. Les mâles sortaient du bois et nous suivaient le long de la grève, hurlant et gémissant comme s'ils allaient mourir. J'en compris vite la raison... elle devait être en chaleur. Le chien de mon ami n'était qu'un bébé de huit mois et, dans mon ignorance, je croyais qu'il n'y avait pas de danger à les laisser seuls pendant que j'appelais le vétérinaire dans le but de prendre rendez-vous pour faire «opérer» Suki.

Le temps de me retourner, Suki et le chien de mon ami s'étaient unis dans mon salon! Oh, quelle horreur! Que pouvais-je faire sinon m'asseoir, ébahie, et attendre qu'il se passe quelque chose? L'attente commença. Ils se mirent à haleter. Suki semblait ennuyée. Le chien paraissait fatigué. Je téléphonai à mon ami et lui dit de venir chercher son satyre de chien et de l'emmener. L'attente se poursuivit. N'en pouvant plus, je sortis faire un peu de jardinage. Quand mon ami arriva après le travail pour récupérer son animal, les deux chiens étaient couchés sur le tapis du salon et dormaient. Ils paraissaient si innocents, je me dis qu'il ne s'était peut-être rien passé et que j'avais tout imaginé.

Suki enceinte était quelque chose à voir. Son corps déjà rond prit l'ampleur d'un dirigeable et elle devait se faufiler avec précaution dans la porte à battant qui lui était réservée. Elle ne pouvait plus marcher ni trotter; elle avait adopté une démarche à mi-chemin entre la roulade et le glissement pour transporter d'une pièce à l'autre sa carcasse gonflée. Heureusement, pendant ce temps-là, elle avait renoncé à dormir sur mes pieds. Je décidai qu'elle avait besoin d'exercice pour rester en forme; je continuai donc nos promenades sur la plage l'après-midi. Aussitôt que nous atteignions le sable, elle recommençait à se pavaner et à se dandiner — la queue et la tête bien hautes pendant qu'elle glissait plus qu'elle ne marchait le long de la grève. Les chiots qu'elle portait passaient d'un côté à l'autre, probablement assaillis par des nausées tout le temps que durait la promenade effrénée.

Je n'avais jamais assisté à une naissance avant d'aider Suki. Elle m'alerta au petit matin en tirant les couvertures de mon lit et en essayant de les pousser dans le sien avec son museau. Bien réveillée et prête à répondre à ses moindres besoins, je m'assis près de son nid comme elle donnait naissance à son premier petit. Il semblait enfermé dans une sorte de sac scellé. Suki commença à manger le sac. J'espérais qu'elle savait ce qu'elle faisait, parce que moi je ne le savais absolument pas. Et voilà... c'était véritablement un chiot, gluant et collant. Suki le lécha jusqu'à ce qu'il soit propre et se recoucha. Je retournai dans mon lit.

Vingt minutes plus tard, je me réveillai à nouveau sans couvertures. Un autre chiot. Cette fois, j'attendis avec elle et lui parlai jusqu'à ce que le suivant s'annonce. Nous parlâmes de choses que je n'avais jamais discutées avec un chien auparavant. Je lui ouvris mon cœur, lui racontai l'amour que j'avais perdu et le vide que je ressentais à l'intérieur avant qu'elle n'arrive dans ma vie. Elle ne se plaignit jamais... ni de ma conversation ni des tremblements que les contractions lui occasionnaient. Nous restâmes debout toute la nuit, Suki et moi... à parler, à donner naissance et à lécher les chiots... Je parlais, et Suki faisait le reste. Pas une fois elle ne pleura ni ne gémit, elle aima simplement ses petits dès leur arrivée. Ce fut une de mes expériences de vie les plus enrichissantes.

Aucun des chiots ne lui ressemblait, pas plus qu'il ne ressemblait au chien de mon ami. Sur les six chiots, trois ressemblaient à de petits labradors noirs et trois à des bassets allemands avec une grande ligne noire sur le dos. Ils étaient tous très beaux. Nos amis firent la file pour obtenir des chiots de Suki; je n'eus donc jamais à faire le pied de grue à la porte du supermarché avec une boîte.

Mon ami et moi décidâmes de nous marier et de déménager. Nous gardâmes Suki et donnâmes son chien. Je ne suis pas sûre qu'il m'ait jamais pardonné. Nous avions emménagé dans une région entourée de champs et Suki en profitait pour courir. Elle courait à toute vitesse dans les champs et disparaissait, sauf pendant quelques brefs intervalles où l'on pouvait apercevoir le dessus de sa tête et ses oreilles battant au vent. Elle revenait toute pantelante et tout sourire. Je crois qu'elle n'a jamais attrapé de lapin, mais ce n'était pas faute d'avoir essayé.

Suki mangeait de tout et elle mangeait tout. Un après-midi, j'avais fait 250 biscuits aux grains de chocolat pour une réunion à laquelle je devais assister à l'église, le soir venu. Suki réussit à atteindre les sacs de biscuits et à en manger, non pas quelques-uns, non pas la plupart, mais bien *chaque* biscuit; tous les 250. Lorsque j'arrivai à la maison, je me demandai comment elle avait pu devenir enceinte en une heure. Seulement, cette fois, elle gémissait, haletait et n'était vraiment pas elle-même. Ne sachant pas ce qu'elle avait fait, je l'emmenai vite chez le vétérinaire. Ce dernier me demanda ce qu'elle avait mangé et je lui dis que je ne l'avais pas encore nourrie. En haussant les sourcils, il me dit qu'elle *avait* mangé, et beaucoup.

Je la laissai là pour la nuit et retournai chez moi pour prendre ma contribution au dîner de l'église. Où étaient les 250 biscuits? Je les cherchai partout. J'étais persuadée de les avoir rangés dans l'armoire avant de partir. Soudain, j'eus l'idée de me rendre dans la cour et là, bien empilés, se trouvaient les neuf sacs de plastique qui avaient contenu les biscuits. Ils n'étaient ni déchirés ni éparpillés, simplement vides. J'appelai le vétérinaire et lui expliquai que 250 biscuits aux grains de chocolat et aux flocons d'avoine avaient disparu. Il me dit que c'était impossible. *Aucun* animal ne pouvait manger 250 biscuits aux grains de chocolat et aux flocons d'avoine et être toujours en vie. Il la surveillerait de près pendant la nuit.

Je ne revis jamais les biscuits et Suki revint à la maison le jour suivant. Après cela, elle n'aima jamais vraiment les biscuits, mais elle en mangeait si l'on insistait.

Puis vint un temps où l'apparence de Suki et son âge finirent par correspondre. Elle avait 16 ans et se déplaçait avec difficulté. Elle ne pouvait plus monter les escaliers et ses reins la faisaient souffrir. Elle avait été mon amie, parfois ma seule amie fidèle. L'amitié avec mes compagnons humains variait et disparaissait, mais mon amitié avec Suki resta toujours constante et loyale. J'avais divorcé, je m'étais remariée et j'avais enfin le sentiment que ma vie allait bien. Je ne pouvais supporter de la voir souffrir autant et je décidai de prendre les mesures nécessaires pour la faire dormir de son dernier sommeil.

Je pris rendez-vous et la transportai dans mes bras jusqu'à la voiture. Elle se colla contre moi de son mieux, malgré la douleur qu'elle ressentait. Elle n'avait jamais voulu que je m'inquiète pour elle; tout ce qu'elle me demandait, c'était mon amour. De toute sa vie, elle n'avait jamais émis une plainte ni un cri. Je m'étais lamentée pour nous deux. Au cours de notre dernier voyage, je lui dis à quel point je l'aimais et à quel point j'étais fière de ce qu'elle était. Sa véritable beauté avait toujours transparu et j'avais oublié qu'il y a bien longtemps, je l'avais trouvée laide. Je lui dis que j'appréciais le fait qu'elle n'ait jamais quémandé mon attention et mon amour, mais qu'elle les ait toujours acceptés avec la grâce de quelqu'un qui savait les mériter. S'il y eut jamais un animal princier, c'était elle parce qu'elle avait la capacité d'apprécier la vie avec la dignité qui convenait à une reine.

Je la transportai dans le bureau du vétérinaire; il me demanda si je voulais rester avec elle pour ses derniers instants. Je répondis oui. Je la pris dans mes bras pendant qu'elle était allongée sur la table froide et que le vétérinaire allait chercher le médicament qui mettrait fin à ses jours. Elle essaya de se lever, mais ses pattes ne lui répondaient plus. Ainsi, pendant un long moment, nous nous regardâmes dans les yeux... des yeux bruns limpides, doux et confiants, et des yeux bleus remplis de larmes. «Êtes-vous prête?», me demanda le vétérinaire. Je mentis. Je ne serais jamais prête à renoncer à l'amour que Suki m'accordait et je ne voulais pas renoncer à elle non plus. Je savais qu'il le fallait. Je ne voulais pas briser mes liens avec Suki et je savais qu'elle ne le voulait pas non plus. Jusqu'à la dernière seconde, elle me regarda dans les yeux, puis je vis la mort s'infiltrer dans son regard et je sus que ma meilleure amie m'avait quittée.

Je pense souvent que si nous les êtres humains pouvions imiter les qualités que nos animaux démontrent, nous vivrions tous dans un monde meilleur. Suki m'a enseigné la loyauté, la compréhension et la compassion et, sans le moindre effort, elle a toujours été bien élevée et tolérante. Si je pouvais transmettre à mes enfants le même amour inconditionnel que Suki m'a accordé et le faire, comme elle, de façon constante, je suis convaincue que mes enfants deviendraient les personnes les plus heureuses et les plus confiantes sur cette terre. Elle a été un bon exemple pour moi et je vais faire en sorte qu'elle soit fière de moi.

On dit qu'après notre mort, quelqu'un que nous connaissons et que nous aimons vient à notre rencontre. Je sais qui m'attendra... une petite chienne ronde, noir et blanc, avec une vieille frimousse plissée et une queue sans cesse en mouvement pour manifester sa joie à la vue de sa meilleure amie.

Patty Hansen

L'histoire d'un héros

Le commandement de l'assistance militaire, zone du Viêt-nam, m'avait transporté sans encombre de Saigon à la base des forces aériennes de Clark aux Philippines, ensuite de Clark à Guam, puis de Guam à Hawaii. Là, je commençai à me rappeler pourquoi je m'étais engagé: les filles, les femmes, ces magnifiques créatures qui me faisaient sourire juste à les regarder. Sexiste, phallocrate? Coupable. Rappelez-vous que nous étions au début des années 70. Les hommes avaient encore le droit de lorgner et d'être ébahis... et Hawaii était l'endroit pour le faire.

Je passai la nuit à Hawaii et m'envolai d'Honolulu vers Dallas, en passant par Los Angeles. Je me rendis à un motel et, après y avoir dormi une nuit et une journée entières, j'étais encore aussi épuisé. J'avais parcouru plus de 15 000 kilomètres et me trouvais toujours à l'heure de Saigon. Je pense que je refusais aussi l'inévitable. Je craignais d'affronter Cindy Caldwell, je redoutais de lui dire que son mari était mort et que j'étais toujours vivant. Je me sentais alors coupable... et encore aujourd'hui.

Je pris un autobus à l'aéroport de Dallas et entrepris de franchir les 400 kilomètres qui me séparaient de Beaumont. Il faisait froid au Texas. J'avais froid.

Je me tenais sur la véranda, incapable de sonner. Comment pouvais-je dire à cette femme et à ses enfants que l'homme qu'ils aimaient ne reviendrait jamais? J'étais déchiré. Déchiré entre le désir intense de courir à toutes jambes et la promesse que j'avais faite à un homme que je ne connaissais pas vraiment mais qui avait joué un rôle important dans ma vie. J'étais là, espérant qu'il se passe quelque chose, quelque chose qui m'aiderait à tendre la main et à sonner.

La pluie se mit à tomber. Je restais là, sur la véranda découverte, paralysé par la peur et la culpabilité. Je revis, pour la centième fois, le corps en lambeaux de Caldwell, j'entendis sa voix douce, je scrutai ses yeux et sentis sa douleur, et je pleurai. Je pleurai pour lui, pour sa femme et ses enfants, et pour moi. Je devais aller de l'avant. Je devais vivre en sachant que j'avais eu la vie sauve et que tant d'autres l'avaient perdue dans une guerre tragique et insensée qui n'avait rien prouvé ni rien solutionné.

Un bruit de pneus sur la route de gravier me sauva de mon dilemme. Une vieille voiture rouge et blanc servant de taxi roula dans l'allée et une femme noire d'âge moyen en descendit. Le chauffeur, un vieil homme noir portant un chapeau élimé à la Sherlock Holmes, descendit aussi. Ils me regardèrent avec attention, muets et sans bouger, se demandant ce qu'un Blanc pouvait bien faire dans une banlieue à prédominance noire.

Je me tenais là, les dévisageant, pendant qu'ils parlaient et soudain, un masque d'horreur apparût sur le visage de la femme. Elle poussa un cri, laissa tomber ses paquets et s'élança vers moi, tournant le dos au chauffeur qui lui parlait encore. Elle monta les marches deux à deux et, agrippant mon manteau à deux mains, elle dit: «Qu'y a-t-il? Dites-moi qui vous êtes et ce qui est arrivé à mon fils.»

«Oh, merde, pensai-je, je suis tombé sur la mère de Caldwell.»

Je pris ses mains dans les miennes et dis aussi doucement que possible: «Je m'appelle Fred Pulse et je viens voir Cindy Caldwell. Est-ce qu'elle habite ici?»

La femme me regarda fixement, écoutant sans entendre, essayant de comprendre ce que j'avais dit. Après un long moment, elle commença à trembler. Son corps fut secoué d'une violente secousse qui, si je n'avais pas tenu ses mains, l'aurait jetée en bas de la véranda. Je resserrai ma prise et nous tombâmes avec fracas contre la porte-tempête.

Le chauffeur de taxi arriva pour m'aider à soutenir la femme pendant que s'ouvrait la porte d'entrée. Cindy Caldwell aperçut la scène suivante: un étrange homme blanc soutenant une femme noire qu'elle connaissait, sur sa véranda. Elle passa à l'action.

Elle referma la porte à demi et revint avec un fusil de calibre 12. Le fusil bien calé dans ses mains, elle dit les dents serrées: «Ne touchez pas à ma mère et descendez de ma véranda.»

Je la regardai à travers la glace teintée, espérant ne pas mourir ici en raison d'un imbroglio et dit: «Si je cesse de la tenir, elle va tomber en bas de la véranda.» Le chauffeur de taxi entra dans le champ de vision de la jeune femme et son comportement changea instantanément.

«Maynard, que se passe-t-il?», demanda-t-elle au chauffeur.

«Je ne sais pas, ma belle, dit-il. Cet homme blanc se tenait sur la véranda quand nous sommes arrivés et votre mère lui est tombée dessus en lui demandant en criant ce qui était arrivé à votre frère, Kenneth.»

Elle me regarda avec des points d'interrogation dans les yeux. Je dis: «Je m'appelle Fred Pulse et si vous êtes Cindy Caldwell, je dois vous parler.»

Elle relâcha sa prise sur l'arme et dit: «Je suis Cindy Caldwell. Je suis un peu désorientée, mais vous pouvez entrer. Pouvez-vous aussi aider ma mère à entrer?»

Doucement, aussi doucement que possible, j'aidai sa mère à traverser la véranda et à passer la porte-tempête. Le chauffeur de taxi nous suivit dans la maison et déposa ses paquets dans l'escalier qui menait à l'étage. Il se tenait là perplexe, ne sachant s'il devait partir ou rester, se demandant qui j'étais ou ce que j'avais en tête.

J'aidai la mère de Cindy à s'asseoir dans un fauteuil rembourré et me reculai pour attendre. Le silence devint insoutenable. Je m'éclaircis la gorge et commençai à parler en même temps que Cindy.

Je m'excusai et la priai de continuer.

Elle me dit: «Je suis désolée, je n'accueille généralement pas les visiteurs avec un fusil, mais j'ai entendu un bruit et cela m'a inquiétée, et quand je vous ai vu sur la véranda tenant ma mère, j'ai naturellement conclu...»

Je l'interrompis: «Je vous en prie, ne vous excusez pas. Je ne sais pas comment j'aurais réagi dans les mêmes circonstances, il n'y a pas de mal.»

«Aimeriez-vous boire un café?, demanda-t-elle. Ne devriez-vous pas retirer ce manteau humide? Vous attraperez votre coup de mort.»

«Oui, dans les deux cas, répondis-je. J'aimerais un bon café et je serais heureux de retirer mon manteau.» Enlever mon manteau me donnait quelque chose à faire, pendant que je reprenais mes esprits.

Pendant cet échange, la mère de Cindy et Maynard, le chauffeur de taxi, semblèrent se calmer et me jaugèrent tous les deux.

Apparemment, j'avais subi l'épreuve avec succès, car la femme me tendit la main en disant: «Je suis Ida May Clemons et c'est mon homme, Maynard. Asseyez-vous confortablement.» En disant cela, elle indiqua un gros fauteuil de cuir et me fit signe de m'y asseoir.

Je pensai que c'était le fauteuil de Mark Caldwell et que je serais assis dans ce fauteuil lorsque je détruirais sa famille. J'en perdis presque la tête à ce moment-là. Je m'assis lentement et tentai de toutes mes forces de me reprendre, mais je m'aventurais en terrain plutôt glissant. Je pris une grande inspiration et, en expirant lentement, je demandai: «Ida May, je suis désolé de vous avoir effrayée, mais je ne connais pas votre fils Kenneth. Où est-il?»

Elle se redressa dans son fauteuil et dit: «Mon garçon Kenneth est un fusilier marin et il est cantonné à l'ambassade américaine de Saigon, au Sud Viêt-nam; il revient à la maison dans deux semaines.»

Je répondis: «Je suis heureux d'apprendre qu'il est sain et sauf et qu'il rentre à la maison. Le travail à l'ambassade est un travail agréable et sans danger. Je suis très heureux qu'il revienne bientôt à la maison.»

Elle jeta un coup d'œil à mes cheveux courts et à mes vêtements démodés et dit: «Êtes-vous militaire? Étiez-vous au Viêt-nam aussi?»

«Oui, répondis-je, je suis rentré hier seulement, ou peut-être avant-hier. Je suis un peu désorienté par les treize heures de décalage et je ne sais pas si nous sommes aujourd'hui ou demain.» Maynard et elle me regardèrent en souriant.

Comme je finissais de parler, Cindy entra dans la pièce portant un plateau avec des tasses, des biscuits, de la crème, du sucre et du café. Le café dégageait un arôme extraordinaire et j'avais grandement hâte d'en boire. N'importe quoi pour alléger l'atmosphère et pour empêcher mes mains de trembler. Nous bavardâmes quelques minutes, puis Cindy dit: «Fred, c'est un plaisir de vous rencontrer et de vous parler, mais je suis curieuse de savoir ce qui vous amène chez moi?»

Exactement à ce moment-là, la porte avant s'ouvrit brusquement et deux petites filles firent une entrée digne de grandes stars. Chacune fit deux pas dans la pièce et pivota sur elle-même de façon exagérée afin de parader ses nouveaux vêtements. Derrière elles se tenait une femme d'âge moyen avec un bébé dans les bras.

Ma présence et ma mission étaient oubliées. Tous, nous poussâmes des oh! et des ah! devant les fillettes et leurs nouveaux atours, en leur disant qu'elles avaient beaucoup de chance d'avoir d'aussi jolis vêtements. Lorsque l'excitation fut apaisée, les fillettes s'installèrent à une table de jeu dans la salle à manger et, de retour dans le salon, Cindy fit les présentations: «Fred, voici ma belle-mère, Florence Caldwell. Florence, voici Fred euh...»

«Pulse», avançai-je.

«Il se préparait justement à nous dire pourquoi il est ici», ajouta-t-elle.

Je pris une grande inspiration, fouillai dans ma poche et dit: «Je ne sais pas vraiment par où commencer. Il y a plusieurs semaines, je me suis enfui d'un camp de prisonniers du Nord Viêt-nam.» Je pivotai, regardai Cindy dans les yeux et dis: «Pendant que j'étais prisonnier, votre mari, Mark, a été amené dans ma baraque, plus mort que vif. Il avait été abattu pendant une mission au-dessus du Nord Viêt-nam, capturé et amené au camp où j'étais. J'ai fait de mon mieux, mais il était blessé trop gravement et nous savions tous les deux qu'il allait mourir.»

Cindy porta la main à sa bouche et émit un petit son aigu, ses yeux rivés aux miens. Ida May et Maynard aspirèrent tous deux bruyamment et murmurèrent: «Dieu du ciel».

«Mark dit que si je lui faisais une promesse, il m'aide-rait à m'échapper du camp de prisonniers. À vrai dire, je pensais qu'il délirait, mais je promis de faire tout ce qu'il me demanderait.»

À ce moment, nous pleurions tous et je dus faire une pause pour me ressaisir. Je la regardai et me rendis compte qu'elle voyait quelque chose au loin, bien loin. Ses yeux devinrent vitreux et elle se mit à pleurer en se cachant le visage dans les mains. Je continuai dès que j'en fus capable.

«Il dit: "Promets-moi que tu iras au Texas et que tu diras à ma femme, Cindy, qu'elle est toujours ma pin-up et que je pensais à elle et aux filles au moment de mourir. Est-ce que tu me le promets?"

«Oui, Mark, je promets, j'irai au Texas», répondis-je.

«Il me tendit cette photo avec son alliance pour que vous sachiez que je disais bien la vérité.» Je tendis à Cindy l'alliance et la photo, et pris sa main quelques ins-tants.

Je me penchai, retirai un couteau de la poche inté-rieure de mon manteau et dis: «Il me donna ce couteau de survie et je le remerciai en lui promettant que je m'arran-gerais pour aller au Texas.

«Y a-t-il autre chose?», poursuivis-je.

«"Oui, peux-tu me prendre dans tes bras, me demanda-t-il, juste me prendre dans tes bras, je ne veux pas mourir seul."

«Je le pris dans mes bras et le berçai pendant très, très longtemps. Tout ce temps, il répétait: "Adieu Cindy, je t'aime et je suis désolé parce que je ne verrai pas grandir les filles." Il est mort en paix dans mes bras quelque temps après.

«Je veux que vous sachiez, dis-je, j'ai besoin que vous compreniez, Cindy, j'ai fait tout ce que j'ai pu, mais il était trop mal en point. Je ne savais pas comment arrêter le saignement, je n'avais pas de fournitures médicales, je...» À ce moment, je m'écroulai complètement.

Nous passâmes quelques minutes à pleurer et nos pleurs attirèrent les fillettes. Elles voulaient savoir pourquoi nous étions tristes et pourquoi nous pleurions. Je regardai Cindy, et nous savions tous les deux que je ne pouvais pas recommencer mon récit; elle répondit donc que j'avais apporté de mauvaises nouvelles, mais que tout irait mieux bientôt.

Cela sembla les calmer et elles s'en retournèrent dans la salle à manger, mais plus près cette fois, et recommencèrent à jouer.

Il fallait que j'explique les conséquences du geste courageux de Mark, je repris donc mon récit. «Le couteau de Mark me permit de maîtriser les gardes et de libérer 12 autres Américains emprisonnés dans le camp. Votre mari est un héros. Grâce à lui, 12 autres Américains sont libres et je suis ici, assis dans son fauteuil, vous racontant sa mort. Je suis désolé, je suis terriblement désolé d'avoir à vous raconter cela.»

Je me remis à pleurer encore une fois et Cindy se leva de sa chaise et vint me réconforter. Elle, qui venait de subir une grande perte, me réconfortait. Je me sentis humble et honoré. Elle prit mon visage dans ses mains, me regarda et dit: «Vous savez, il y a deux héros, mon mari Mark, et vous, Fred. Vous êtes un héros aussi. Merci, merci d'être venu ici et de m'avoir tout raconté de vive voix. Je sais que cela vous a demandé beaucoup de courage de vous présenter ici devant moi et de m'annoncer que mon mari était mort, mais vous êtes un homme d'honneur. Vous avez fait une promesse que vous avez tenue. Il n'y a pas beaucoup d'hommes qui en auraient fait autant. Merci.»

J'étais assis là, stupéfait. Je n'avais pas le sentiment d'être un héros, mais j'écoutais cette femme me dire, au milieu de son désarroi et de sa peine, que j'étais un héros, que j'étais un homme d'honneur. Je ne ressentais que de la culpabilité et de la colère; culpabilité d'avoir survécu pendant que son mari, le père de ses enfants, était mort; et colère, une intense colère devant la stupidité et l'insensibilité de la guerre. Quel gaspillage, quelle perte. Je ne pouvais pardonner à mon pays ni à moi-même; pourtant, il y avait là une femme ayant subi une perte incroyable, la perte de son mari, qui me pardonnait, me remerciait. C'en était trop.

J'éprouvais une colère terrible à l'endroit du gouvernement, aussi. Pourquoi n'était-on pas venu dire à cette femme que son mari était mort? Où était le corps de Mark Caldwell? Pourquoi n'était-il pas ici, pourquoi n'avait-il pas été enterré et pourquoi n'avait-on pas respecté une période de deuil? Pourquoi? Pourquoi?

Après un certain temps, je dis: «J'ai ramené le corps de Mark au Sud Viêt-nam et je suis convaincu que la Marine prendra contact avec vous pour ses funérailles. Je suis désolé parce que je n'y serai pas, mais sachez que je penserai à vous. Je ne vous oublierai jamais.»

Nous restâmes assis pendant un moment, puis je demandai à Maynard s'il voulait bien me conduire à la gare d'autobus pour retourner à Dallas. J'étais en permission et je voulais dormir et oublier.

Frederick E. Pulse III

En souvenir de madame Murphy

L'été dernier, fatigués de la vitesse et des problèmes de conduite sur l'autoroute, mon mari et moi avions décidé de prendre «le chemin le moins fréquenté» pour nous rendre à la plage.

Un arrêt dans un petit village quelconque de la côte est du Maryland a donné lieu à un incident que nous garderons toujours en mémoire.

Cela commença simplement. Un feu de circulation tourna au rouge. Comme nous attendions que le signal passe au vert, je jetai un regard vers un vieux centre d'hébergement construit en briques délavées.

Une femme âgée était assise sur la véranda, dans un fauteuil de rotin blanc. Ses yeux, fixés sur les miens, semblaient me faire signe, me supplier d'approcher.

Le feu passa au vert. Soudain, je laissai échapper: «Jim, gare l'auto au coin de la rue.»

Prenant Jim par la main, je me dirigeai vers le trottoir menant au centre d'hébergement. Jim s'arrêta. «Attends une minute; nous ne connaissons personne ici.» Avec un peu de persuasion, je réussis à convaincre mon mari que cela en valait la peine.

La dame dont le regard magnétique m'avait attirée se leva de son fauteuil et, s'appuyant sur une canne, se dirigea lentement vers nous.

«Je suis si heureuse que vous ayez décidé d'arrêter, dit-elle avec un sourire reconnaissant. Je priais pour que vous le fassiez. Avez-vous quelques minutes pour vous asseoir et bavarder?» Nous la suivîmes dans un endroit ombragé sur le côté de la véranda.

J'étais impressionnée par la beauté naturelle de notre hôtesse. Elle était mince sans être maigre. À l'exception de quelques pattes d'oie près de ses yeux noisette, son teint d'ivoire presque transparent était lisse. Ses cheveux d'argent étaient ramenés à l'arrière en chignon.

«Un grand nombre de personnes passent par ici, commença-t-elle, particulièrement l'été. Elles jettent un coup d'œil de leur voiture et ne voient rien d'autre qu'un vieil édifice abritant de vieilles personnes. Or, vous m'avez vue: Margaret Murphy. Et vous avez pris le temps d'arrêter.» Pensive, Margaret ajouta: «Certaines personnes croient que les aînés sont séniles; la vérité est que nous nous sentons simplement seuls.» Puis, en se moquant d'elle-même, elle dit: «Mais, il est vrai que nous, les vieux, nous parlons beaucoup, n'est-ce pas?»

Jouant du bout des doigts avec un magnifique camée serti de diamants attaché au col de dentelle de sa robe fleurie, Margaret demanda nos noms et d'où nous venions. Lorsque je dis: «Baltimore», son visage s'éclaira et ses yeux se mirent à briller. Elle dit: «Ma sœur, Dieu ait son âme, a vécu toute sa vie sur l'avenue Gorusch, à Baltimore.»

Avec excitation, j'expliquai: «Quand j'étais enfant, je vivais à quelques rues de là, sur la rue Homestead. Quel était le nom de votre sœur?» Je me rappelai tout de suite de Marie Gibbons. Elle avait été ma meilleure amie et ma compagne de classe. Pendant plus d'une heure, Margaret et moi partageâmes des souvenirs de jeunesse.

Nous étions toujours en grande conversation quand une infirmière apparut avec un verre d'eau et deux petits comprimés roses. «Désolée de vous interrompre, dit-elle gentiment, mais il est temps de prendre votre médicament et de faire votre sieste, madame Margaret. Nous devons prendre soin de votre cœur, vous savez», dit-elle en souriant et en tendant le médicament à Margaret. Jim et moi échangeâmes un regard.

Sans protester, Margaret avala les comprimés. «Puis-je rester encore quelques minutes avec mes amis, mademoiselle Baxter?» demanda Margaret. Gentiment, mais fermement, l'infirmière refusa.

Mademoiselle Baxter tendit le bras et aida Margaret à se lever de son fauteuil. Nous l'assurâmes que nous arrêterions la semaine suivante en revenant de la plage. Son expression triste devint plus joyeuse. «Ce serait extraordinaire», dit Margaret.

Après une semaine ensoleillée, le jour où Jim et moi prîmes le chemin du retour était nuageux et humide. Le centre d'hébergement semblait particulièrement lugubre sous ces nuages couleur d'ardoise.

Après une attente de quelques minutes, mademoiselle Baxter apparut. Elle nous tendit une petite boîte à laquelle une lettre était attachée. Puis elle prit ma main dans la sienne pendant que Jim lisait la lettre:

Mes très chers,

Ces derniers jours ont été les plus heureux de ma vie depuis qu'Henry, mon époux bien-aimé, est décédé il y a deux ans. Une fois encore, j'ai une famille que j'aime et qui m'aime.

La nuit dernière, le médecin a semblé inquiet à propos de mon cœur. Cependant, je me sens très bien. Et pendant que je suis dans cette excellente humeur, je veux vous remercier pour la joie que vous avez tous les deux apportée dans ma vie.

Ma chère Beverley, ce cadeau est pour vous, c'est le camée que je portais le jour où nous nous sommes rencontrées. Mon mari me l'avait donné le jour de notre mariage, le 30 juin 1939. Il appartenait à sa mère. Portez-le avec plaisir, et espérez qu'un jour il revienne à vos filles, puis à leurs filles. En plus de cette broche, je vous offre mon affection éternelle.

Margaret

Trois jours après notre visite, Margaret s'en était allée doucement dans son sommeil. Des larmes coulaient le long de mes joues tandis que je tenais le camée dans mes mains. Tendrement, je le retournai et lus l'inscription gravée sur le cadre en argent de la broche: «L'amour est éternel».

Il en est de même des souvenirs, chère Margaret, il en est de même des souvenirs.

Beverley Fine

Une jeune fille y vit toujours

Le poème qui suit a été écrit par une femme qui est décédée dans l'aile pour les personnes âgées de l'hôpital Ashludie, près de Dundie, en Écosse. Trouvé parmi ses effets personnels, il a tellement impressionné le personnel qu'on en a fait des copies qui ont été distribuées dans l'hôpital et même en dehors des murs.

Que voyez-vous, garde, que voyez-vous
  maintenant?
Pensez-vous en me regardant —
Une vieille femme grincheuse, pas vraiment très
  futée,
À l'allure incertaine et au regard absent?
Qui joue avec sa nourriture et ne répond jamais
Quand vous dites d'une voix forte: «J'aimerais que
  vous essayiez!»
Qui ne semble pas voir les choses que vous faites,
Et perd toujours un bas ou une chaussure?
Qui de gré ou de force, vous laisse toujours faire à
  votre guise
Le bain et les repas, pour remplir les longues
  journées?
Est-ce ce que vous pensez, est-ce ce que vous voyez?
Alors ouvrez les yeux, garde, c'est moi que vous
  regardez.
Je vais vous dire qui je suis, assise ici immobile.
Lorsque j'obéis à votre commandement, mange sur
  votre ordre...

*Je suis une petite fille de dix ans avec son père et sa
      mère,
Des frères et des sœurs qui s'aiment les uns les
      autres;
Une jeune fille de seize ans qui a des ailes aux
      pieds,
Rêvant qu'elle rencontrera bientôt l'amour;
Une jeune mariée de vingt ans dont le cœur fait des
      bonds,
Se rappelant les vœux qu'elle a promis de
      respecter;
Vingt-cinq ans et j'ai déjà un enfant
Qui a besoin de moi pour vivre en sécurité et
      heureux;
Une femme de trente ans, mes bébés sont devenus
      grands,
Et ont tissé des liens qui devraient durer toujours;
À quarante ans, mes jeunes fils ont grandi et sont
      partis,
Mais mon homme est près de moi pour m'empêcher
      de pleurer;
À cinquante ans, encore une fois des enfants dans
      mes jupes,
Encore une fois, il y a des enfants autour de nous.
Les mauvais jours reviennent; mon époux est
      décédé,
Je regarde l'avenir, je frissonne de peur.
Car mes enfants ont maintenant des enfants,
Et je pense aux années et à l'amour que j'ai connus.*

*Je suis une vieille femme maintenant, et la nature
      est cruelle;
Quelle mauvaise plaisanterie que de laisser la
      vieillesse paraître folle.
Le corps s'écroule, la grâce et la vigueur
      s'estompent;*

Il y a une pierre où j'avais un cœur.
Pourtant dans cette vieille carcasse vit toujours
   une jeune fille,
Et, aujourd'hui encore, mon cœur amer se gonfle.
Je me rappelle les joies, je me rappelle les peines,
J'aime la vie et je la revis à nouveau,
Je pense aux années, trop peu nombreuses, passées
   trop vite,
Et j'accepte la désolante vérité que rien n'est
   éternel.
Ouvrez vos yeux, garde, ouvrez vos yeux et voyez
Non pas une vieille femme grincheuse,
Regardez plus près — regardez-moi!

Phyllis McCormack

Un dernier au revoir

«Je rentre au Danemark, mon fils, et je voulais seulement te dire que je t'aime.»

Lorsque mon père me téléphona pour la dernière fois, il répéta ces mots sept fois au cours de la même demi-heure. Je n'écoutais pas attentivement. J'entendais les mots mais pas le message, et certainement pas leur signification profonde. Je croyais que mon père vivrait jusqu'à cent ans, comme mon grand-père avait vécu jusqu'à cent sept ans. Je n'avais pas éprouvé ce type de culpabilité à la mort de ma mère, je n'avais pas vu son intense solitude de parent esseulé ni compris que la plupart de ses amis avaient depuis longtemps disparu de la planète. Il nous demandait toujours, à mes frères et à moi, d'avoir des enfants afin qu'il puisse devenir un grand-père dévoué. J'étais trop occupé à jouer à l'entrepreneur pour écouter véritablement.

«Papa est mort», dit tristement mon frère Brian, le 4 juillet 1982. Mon jeune frère est un avocat à la répartie facile et un humoriste à l'esprit vif. Je pensais qu'il me faisait marcher et j'attendais le clou de l'histoire — il n'y en avait pas. «Papa est mort dans le lit où il est né — à Rozkeldj, poursuivit Brian. Les entrepreneurs de pompes funèbres vont le mettre dans un cercueil et nous le retourner avec ses effets personnels, demain. Nous devons prendre les arrangements pour ses funérailles.»

J'étais sans voix. Cela ne devait pas se passer de cette manière. Si j'avais su qu'il s'agissait de ses derniers jours, je lui aurais demandé de me laisser l'accompagner. J'aurais cru au mouvement des aînés qui dit qu'on ne devrait pas mourir seul. Une personne aimée devrait toujours vous tenir la main et vous réconforter lorsque vous passez de vie à trépas. Je lui aurais offert une consolation pendant sa dernière heure si j'avais vraiment écouté, si j'avais pensé et été en harmonie avec l'Infini. Papa m'avait annoncé son départ du mieux qu'il pouvait le faire, et je n'avais pas compris. J'éprouvais de l'affliction, de la souffrance et du remords. Pourquoi n'avais-je pas été là pour lui? Lui avait toujours été présent pour moi.

Le matin, lorsque j'avais neuf ans, il rentrait à la maison après avoir travaillé pendant dix-huit heures à sa boulangerie et me réveillait à 5 heures en me grattant le dos de ses mains fortes et puissantes, me murmurant: «Il est temps de te lever, fiston.» Quand j'étais habillé et prêt à partir, il avait déjà plié les journaux, posé les élastiques et rempli mon panier de bicyclette. Le rappel de sa générosité d'esprit me met les larmes aux yeux.

Lorsque je faisais de la course à bicyclette, il faisait un aller-retour de 80 kilomètres chaque mardi soir, pour que je puisse participer à la course et qu'il me voie courir. Il était là pour me consoler si je perdais et pour partager mon euphorie lorsque je gagnais. Plus tard, il était là pendant toutes mes conférences à Chicago, alors que je m'adressais à des groupes tels Century 21, Mary Kay, Equitable, ainsi qu'à diverses églises. Il souriait toujours, écoutait et disait avec fierté à quiconque était assis à côté de lui: «C'est mon fils!»

Après coup, voilà que j'avais le cœur en miettes parce que papa avait été là pour moi et que moi je n'avais pas été là pour lui. Mon humble conseil est de toujours partager votre amour avec ceux qui vous sont chers et de demander à être invité à cette période de transition où la vie physique se transforme en vie spirituelle. Vivre le processus de la mort avec un être aimé vous transportera dans une dimension plus vaste, plus chaleureuse de l'existence.

Mark Victor Hansen

Faites-le dès aujourd'hui!

Si vous deviez mourir bientôt et ne pouviez faire qu'un seul appel téléphonique, qui appelleriez-vous et que diriez-vous? Et pourquoi attendez-vous?

Stephen Levine

Lorsque j'étais surintendant des écoles de Palo Alto en Californie, Polly Tyner, la présidente de notre conseil d'administration, écrivit une lettre qui parut dans le journal local. Le fils de Polly, Jim, éprouvait beaucoup de difficultés à l'école. Il était catalogué comme handicapé intellectuel et exigeait beaucoup de patience de la part de ses parents et de ses professeurs. Pourtant Jim était un enfant heureux, avec un grand sourire qui éclairait la pièce. Ses parents reconnaissaient qu'il avait des difficultés d'apprentissage, mais tentaient toujours de l'aider à prendre conscience de ses forces pour qu'il puisse marcher la tête haute. Peu de temps après que Jim eut terminé son secondaire, il fut tué dans un accident de moto. Après sa mort, sa mère présenta cette lettre au journal pour publication.

Aujourd'hui, nous avons enterré notre fils de 20 ans. Il a été tué instantanément dans un accident de moto, vendredi soir dernier. Si vous saviez à quel point j'aurais aimé savoir que la dernière fois que je lui ai parlé était vraiment la dernière. Si seulement j'avais su, je lui aurais dit: «Jim, je t'aime et suis tellement fière de toi.»

J'aurais pris le temps d'apprécier tout ce qu'il avait apporté dans la vie des nombreuses person-

*nes qui l'aimaient. J'aurais pris le temps de profi-
ter de son beau sourire, de son rire, de son amour
authentique pour les gens.*

*Lorsque vous placez tous les bons traits dans un
plateau de la balance et que vous tentez de faire
l'équilibre dans l'autre plateau avec tous les traits
désagréables, comme la radio toujours trop forte,
la coupe de cheveux que vous n'aimiez pas, les
chaussettes sales sous le lit, vous constatez que les
choses agaçantes ne font pas le poids.*

*Je n'aurai plus jamais la chance de dire à mon fils
tout ce que j'aurais voulu qu'il entende, mais, vous
parents, vous avez cette chance. Dites à vos jeunes
ce que vous voulez qu'ils entendent comme si c'était
votre dernière conversation. J'ai parlé à Jim pour
la dernière fois le jour de sa mort. Il m'avait appelée pour dire: «Allô, maman! J'appelle juste pour te
dire que je t'aime. M'en vais travailler. Salut!» Il
m'a alors donné quelque chose que je chérirai toujours.*

*S'il y a un sens à la mort de Jim, peut-être est-ce de
permettre aux autres d'apprécier davantage la vie
et de faire que les personnes, particulièrement les
familles, prennent le temps de se dire à quel point
elles s'aiment.*

*Vous n'aurez peut-être jamais une autre chance.
Faites-le dès aujourd'hui!*

Robert Reasoner

Un geste de bonté pour un cœur brisé

Je ne suis qu'un. Pourtant, je suis un. Je ne peux tout faire, mais je peux faire quelque chose. Et puisque je peux faire quelque chose, je ne refuserai pas de faire ce que je peux.

Edward Everett Hale

Mon époux, Hanoch, et moi avons écrit un livre, *Acts of Kindness: How to Create a Kindness Revolution* (Gestes de bonté: comment créer une révolution de bonté), qui a suscité beaucoup d'intérêt aux États-Unis. Un auditeur anonyme a partagé cette histoire avec nous à l'occasion d'une ligne ouverte à la radio de Chicago.

«Maman, que fais-tu?», demanda Susie.

«Je prépare un ragoût pour Mme Smith, notre voisine», dit sa mère.

«Pourquoi», demanda Susie qui n'avait que six ans.

«Parce que Mme Smith est très triste; elle a perdu sa fille et elle a le cœur brisé. Nous devons en prendre soin pendant quelque temps.»

«Pourquoi, maman?»

«Tu vois, Susie, lorsqu'une personne est très, très triste, elle a de la difficulté à faire les petites choses comme préparer un dîner ou faire d'autres corvées. Puisque nous faisons partie d'une collectivité et que Mme Smith est notre voisine, nous devons avoir de petites attentions pour l'aider. Mme Smith ne pourra plus jamais parler avec sa fille ni la prendre dans ses bras ni faire toutes ces choses merveilleuses que les mamans et les petites filles font ensemble. Tu es une petite fille très brillante, Susie; peut-être trouveras-tu quelque chose pour aider Mme Smith.»

Susie réfléchit sérieusement à ce dilemme et chercha comment venir en aide à Mme Smith. Quelques minutes plus tard, Susie frappa à sa porte. Après quelques instants, Mme Smith vint répondre en disant: «Bonjour Susie».

Susie remarqua que Mme Smith n'avait plus dans la voix cette musique qui était habituelle lorsqu'elle accueillait quelqu'un.

Mme Smith semblait aussi avoir pleuré parce que ses yeux étaient pleins de larmes et tout bouffis.

«Que puis-je faire pour toi, Susie?», s'enquit Mme Smith.

«Ma maman dit que vous avez perdu votre fille et que vous êtes très, très triste et que vous avez le cœur brisé.» Susie tendit sa main timidement. Elle contenait un diachylon. «C'est pour votre cœur brisé.» Mme Smith eut le souffle coupé, et retenant ses larmes, elle s'agenouilla et prit Susie dans ses bras. À travers ses larmes, elle dit: «Merci, ma chérie, cela va beaucoup m'aider.»

Mme Smith accepta le geste tendre de Susie et le poussa encore plus loin. Elle acheta un petit porte-clés garni d'un cadre de plastique — un de ceux conçus pour recevoir les clés et montrer un portrait de famille en même temps. Mme Smith plaça le diachylon de Susie dans le cadre pour se rappeler de guérir un peu chaque fois qu'elle le verrait. Elle avait compris que la guérison vient à force de temps et de soutien. C'était devenu son symbole de guérison, tout en lui permettant de ne pas oublier la joie et l'amour qu'elle avait connus avec sa fille.

Meladee McCarty

À demain matin

Grâce à ma mère et à sa sagesse, je ne crains pas la mort. Elle était ma meilleure amie et mon meilleur professeur. Chaque fois que nous nous laissions, que ce soit pour aller au lit ou parce que l'un de nous devait partir en voyage, elle disait: «Je te vois demain matin». C'est une promesse qu'elle a toujours tenue.

Mon grand-père était pasteur et, en ce temps-là, au tournant du siècle, chaque fois qu'un membre de la petite communauté décédait, la dépouille était exposée dans le salon du pasteur. Pour une petite fille de huit ans, c'est une expérience qui peut être effrayante.

Un jour, mon grand-père prit ma mère dans ses bras, l'amena dans le salon et lui demanda de toucher au mur.

«Comment c'est, Bobbie?», demanda-t-il.

«Eh bien, c'est dur et c'est froid», répondit-elle.

Puis il la mena vers le cercueil et dit: «Bobbie, je vais te demander la chose la plus difficile que je te demanderai jamais. Or, si tu le fais, tu n'auras plus jamais peur de la mort. Je veux que tu touches le visage de M. Smith.»

Parce qu'elle aimait son père et qu'elle lui faisait confiance, elle put faire ce qu'il demandait. «Alors?», demanda mon grand-père. «Papa, dit-elle, c'est comme le mur.»

«C'est vrai, dit-il. C'est sa vieille maison et notre ami, M. Smith, a déménagé et, Bobbie, il n'y a aucune raison d'avoir peur d'une vieille maison.»

La leçon s'enracina et porta fruit pour le reste de sa vie. Elle ne craignait absolument pas la mort. Huit heures avant de nous quitter, elle fit une demande inhabituelle. Comme nous étions tous autour de son lit à retenir nos larmes, elle dit: «N'apportez pas de fleurs sur ma tombe parce que je ne serai pas là. Lorsque je me débarrasserai de ce corps, je m'envolerai vers l'Europe. Votre père ne voulait pas m'y emmener.» La chambre s'emplit de rires et les larmes disparurent pour le reste de la nuit.

Comme nous l'embrassions et lui souhaitions bonne nuit, elle sourit et dit: «À demain matin!»

Toutefois, à 6 h 15 le lendemain, je reçus un appel du médecin me disant qu'elle s'était envolée vers l'Europe.

Deux jours plus tard, nous étions à l'appartement de mes parents en train d'examiner les effets personnels de ma mère lorsque nous trouvâmes une énorme pile de ses écrits. Comme j'ouvrais le paquet, une feuille tomba sur le plancher.

C'était le poème qui suit. Je ne sais pas si elle l'avait écrit elle-même ou si quelqu'un d'autre l'avait fait et qu'elle l'avait conservé précieusement. Tout ce que je sais, c'est qu'il s'agit de la seule feuille qui soit tombée; on pouvait y lire ceci:

L'héritage

Lorsque je mourrai, donnez tout ce qui reste de moi aux enfants.

Si vous devez pleurer, pleurez pour vos frères qui marchent à vos côtés.

Mettez vos bras autour de quelqu'un et donnez-lui ce que vous voudriez me donner.

Je veux vous quitter avec quelque chose, quelque chose de mieux que des mots ou des paroles.

Cherchez-moi dans les gens que j'ai connus et aimés.

Et si vous ne pouvez vivre sans moi, alors laissez-moi vivre dans vos yeux, dans votre esprit et dans vos gestes tendres.

Vous pouvez m'aimer davantage en prenant d'autres mains et en laissant libres les enfants qui ont besoin de liberté.

L'amour ne meurt pas, seules les personnes meurent.

Ainsi, quand l'amour sera tout ce qui reste de moi...

Donnez-moi...

Mon père et moi échangeâmes un sourire, car nous ressentions sa présence et nous étions encore une fois le matin.

John Wayne Schlatter

L'amour
ne nous quitte jamais

J'ai grandi dans une famille très normale, avec deux frères et deux sœurs. Bien que nous n'ayons pas eu beaucoup d'argent à l'époque, je me rappelle encore les piqueniques et les promenades au zoo où nous emmenaient mon père et ma mère.

Ma mère était une femme très chaleureuse et bienveillante. Elle était toujours prête à aider autrui et elle revenait souvent à la maison avec des animaux errants ou blessés. Bien qu'elle eût déjà cinq enfants à élever, elle trouvait toujours le temps d'aider les autres.

Je repense à ma tendre enfance et je vois mes parents, non pas comme un mari et une femme avec cinq enfants, mais comme un couple de nouveaux mariés très amoureux. La journée était consacrée à nous, les enfants, mais le soir leur appartenait à l'un et à l'autre.

Je me souviens, j'étais au lit un soir. C'était le 27 mai 1973, un dimanche. Je me suis réveillé au bruit de mes parents rentrant d'une soirée avec des amis. Ils riaient et s'amusaient; lorsqu'ils se mirent au lit, je me retournai et me rendormis, mais pendant toute la nuit mon sommeil fut entrecoupé de cauchemars.

Le lundi matin, 28 mai 1973, je me réveillai à l'aube d'une journée nuageuse. Ma mère n'étant pas encore levée, nous nous préparâmes et quittâmes pour l'école sans son aide. Toute la journée, j'avais cette sensation de vide. Je rentrai à la maison après l'école. «Allô, maman, je suis rentré.» Pas de réponse. La maison semblait froide et vide. J'avais peur. Tremblant, je montai l'escalier pour me rendre dans la chambre de mes parents. La porte était à peine entrouverte et je ne pouvais voir à l'intérieur. «Maman?» Je poussai la porte pour voir toute la chambre; ma mère était là, gisant sur le sol près du lit. J'essayai de la réveiller, mais sans succès. Je savais qu'elle était morte. Je me retournai, quittai la pièce et descendis l'escalier. Je restai assis sur le divan en silence pendant un long moment, jusqu'à ce que ma sœur aînée rentre à la maison. Elle me vit assis là et, en un rien de temps, elle courut en haut.

Je suis resté assis dans le salon regardant mon père parler aux policiers. Je vis les ambulanciers transporter la civière portant ma mère. Je ne pouvais que rester assis et regarder. Je ne pouvais même pas pleurer. Je n'avais jamais pensé à mon père comme à un homme âgé, mais lorsque je le vis ce jour-là, il ne parut jamais aussi vieux.

Le mardi 29 mai 1973. Mon onzième anniversaire. Il n'y avait pas de chansons, pas de fête ni de gâteau, juste le silence autour de la table de la salle à manger où nous étions tous assis à contempler notre assiette. C'était ma faute. Si j'étais arrivé plus tôt, elle serait toujours vivante. Si j'avais été plus grand, elle serait toujours vivante. Si...

Pendant de nombreuses années, je portai la culpabilité de la mort de ma mère. Je pensais à toutes les choses que j'aurais pu faire. À toutes les méchancetés que je lui avais dites. Je croyais fermement que, parce que j'étais un enfant turbulent, Dieu me punissait en me privant de ma mère. Ce qui me troublait le plus était le fait que je n'avais jamais pu lui dire adieu. Je ne sentirais plus jamais sa chaude étreinte, l'odeur de son parfum ou ses doux baisers quand elle me mettait au lit le soir. Toutes ces choses dont j'étais privé, c'était mon châtiment.

Le 29 mai 1989: mon 27e anniversaire, je me sentais très seul et vide. Je n'avais jamais vraiment accepté le décès de ma mère. Mes émotions étaient en pagaille. Ma colère envers Dieu était à son comble. Je pleurais en hurlant: «Pourquoi me l'as-Tu enlevée? Tu ne m'as jamais donné la chance de lui dire adieu. Je l'aimais et Tu me l'as enlevée. Je voulais seulement la prendre dans mes bras une dernière fois. *Je Te hais!*»

J'étais assis dans mon salon à sangloter, j'avais l'impression d'être épuisé lorsque soudain, un sentiment de chaleur m'envahit. Je sentis véritablement deux bras m'entourer. Un parfum, oublié depuis longtemps mais familier, flottait dans la pièce. C'était elle. Je pouvais sentir sa présence. Je sentais ses bras et respirais son parfum. Le Dieu que j'avais tant haï avait exaucé mon vœu. Ma mère était là au moment où j'avais besoin d'elle.

Je sais aujourd'hui que ma mère est toujours avec moi. Je l'aime toujours de tout mon cœur et je sais qu'elle sera toujours là pour moi. Juste au moment où j'avais renoncé et m'étais résigné au fait qu'elle était partie à tout jamais, elle m'a laissé savoir que son amour ne me quitterait jamais.

Stanley D. Moulson

Le plus bel ange

Le cœur de l'idiot est dans sa bouche, mais la bouche du sage est dans son cœur.

Benjamin Franklin

Au cours des vingt dernières années, j'ai parlé devant toutes sortes d'auditoires sous les traits de Benjamin Franklin. Bien que la majorité des conférences aient été données auprès de cadres d'entreprise ou de congressistes, j'aime bien parler devant des groupes scolaires. Lorsque je travaille pour une clientèle industrielle à l'extérieur de la région de Philadelphie, je leur demande de commanditer des conférences dans deux écoles à titre de service à leur collectivité.

Je découvre que même les très jeunes enfants comprennent bien le message que je transmets en utilisant le personnage de Benjamin Franklin. Je les encourage toujours à poser toutes les questions qu'ils souhaitent poser, et généralement il y en a de très intéressantes. Le personnage de Benjamin Franklin devient souvent si réel pour ces élèves qu'ils mettent de côté leurs doutes et discutent avec moi comme si j'étais vraiment Benjamin Franklin.

Une journée en particulier, après une réunion dans une école élémentaire, je visitais une classe d'élèves âgés de onze ans pour répondre à leurs questions en histoire américaine. L'un d'eux leva la main et dit: «Je croyais que vous étiez mort.» Ce n'était pas une question inhabituelle et j'y répondis par ces mots: «Je suis mort le 17 avril 1790, j'avais alors 84 ans, mais je n'ai pas tellement aimé cela et je ne le referai plus jamais.»

Je sollicitai immédiatement d'autres questions et désignai un garçon qui levait la main au fond de la salle. Il demanda: «Lorsque vous étiez au ciel, avez-vous vu ma mère?»

Mon cœur cessa de battre. Je voulais disparaître, me fondre dans le plancher. Ma seule pensée était qu'il ne fallait pas tout gâcher. Je me rendais compte que pour qu'un garçon de onze ans pose cette question devant tous ses compagnons de classe, il fallait que l'événement ait été très récent ou que cela le préoccupât particulièrement. Je savais aussi que je devais dire quelque chose.

Puis je m'entendis expliquer: «Je ne sais pas si c'était celle que je crois, mais si c'est le cas, il s'agissait du plus bel ange qu'il y avait là-haut.»

Le sourire qui illumina son visage me dit que c'était la bonne réponse. Je ne sais pas d'où elle m'était venue, mais je crois que le plus bel ange là-haut m'avait donné un petit coup de pouce.

Ralph Archbold

4

UNE QUESTION D'ATTITUDE

*La plus grande découverte de ma génération,
c'est que les êtres humains peuvent
transformer leur vie
en transformant leur état d'esprit.*

William James

Pourquoi se décourager?

Un jour, en rentrant du travail, je me suis arrêté au parc, tout près de chez moi, pour regarder un match de baseball où s'affrontaient les jeunes joueurs d'une ligue locale. En m'assoyant sur le banc près du premier but, je me suis informé du score auprès de l'un des garçons.

«On perd 14 à zéro», me répond-il avec un sourire.

«Ah bon! Pourtant, vous ne semblez pas découragés», lui dis-je.

«Découragés? fait-il d'un air surpris. Pourquoi? On n'est pas encore allés au bâton.»

Jack Canfield

La robe rouge

Pendant que ma mère se mourait,
Sa robe rouge était pendue là, dans le placard,
Comme une entaille parmi les vêtements
Sombres et élimés
Dans lesquels elle s'était tuée à la tâche.

On m'avait demandé de venir
Et j'ai su en la voyant
Qu'elle n'en avait plus pour longtemps.

Quand j'ai aperçu la robe, j'ai dit:
«Comme elle est belle, maman!
Je ne l'ai jamais vue sur toi.»

«Je ne l'ai jamais portée, répondit-elle lentement.
Viens t'asseoir, Millie. Si je peux, avant de partir,
Je voudrais rectifier certaines choses que je t'ai apprises.»

Je me suis assise près du lit.
Elle a poussé un profond soupir,
Un long souffle dont je ne l'aurais pas crue capable.
«Maintenant que je vais partir, j'y vois plus clair.
Oh, je t'ai appris des bonnes choses,
Mais aussi des moins bonnes.»

«Qu'est-ce que tu veux dire, maman?»

«Bien... j'ai toujours pensé
Qu'une bonne femme ne pense jamais à elle.
Qu'elle est là juste pour servir les autres.
Courir à gauche et à droite, satisfaire les désirs de tous
En prenant soin de mettre les siens au bas de la pile.

«On se dit qu'un jour on arrivera jusqu'à eux
Mais on n'y arrive jamais, évidemment.
Voilà ce qu'a été ma vie: m'occuper de ton père,
M'occuper des garçons, de tes sœurs, de toi.»

«Tu as fait tout ce qu'une mère pouvait faire.»

«Oh, Millie, Millie, ça n'avait rien de bon —
Ni pour vous, ni pour lui. Tu ne comprends pas?
Je vous ai fait le plus grand tort
En ne réclamant jamais rien — pour moi!

«Ton père, dans la pièce à côté,
Se ronge les sangs en contemplant les murs.
Quand le docteur lui a parlé, il l'a mal pris.
Il est venu près de mon lit et c'est tout juste
S'il ne m'a pas secouée pour me ressusciter.
"Tu ne peux pas mourir, m'entends-tu?
Qu'est-ce que je vais devenir?"

«"Qu'est-ce que je vais devenir?"
C'est sûr qu'il aura du mal quand je serai partie.
Il ne peut même pas trouver la poêle à frire.

«Quant à vous, les enfants...
Vous pouviez me demander
N'importe quoi, n'importe quand.
J'étais la première levée et la dernière couchée,
Sept jours par semaine.
Je gardais toujours pour moi la rôtie qui avait brûlé,
La plus petite pointe de tarte.

«Et maintenant je vois comment certains de tes frères
Traitent leur femme
Et ça me rend malade,
Parce que c'est moi qui le leur ai enseigné

Et ils ont bien appris la leçon.
Ils ont appris qu'une femme est là pour donner.
Évidemment, tout l'argent que je pouvais économiser
Servait à vous acheter des vêtements, des livres,
Même quand ce n'était pas nécessaire.
Je ne me rappelle pas être allée dans une boutique
Pour m'acheter quelque chose de beau,
Rien que pour moi.

«Sauf l'année dernière quand j'ai acheté la robe rouge.
Il me restait vingt dollars en surplus.
J'allais faire un versement supplémentaire
Pour payer la machine à laver
Mais, sans trop savoir comment,
Je suis revenue avec la grande boîte.
Ton père m'a drôlement attrapée ce jour-là.
"Où est-ce que tu vas porter une robe pareille...
À l'opéra peut-être?"
Et il avait sans doute raison.
La seule fois que j'ai enfilé cette robe, c'est à la boutique.

«Oh, Millie! J'ai toujours cru
Que tout ce qu'on ne prenait pas en ce monde
Nous serait donné dans l'autre.
Bien je n'y crois plus.
Je pense que le bon Dieu veut qu'on ait quelque chose —
Ici, maintenant.

«Crois-moi, Millie,
Si par miracle je pouvais quitter ce lit,
Tu aurais sous les yeux une autre mère
Parce que je serais différente.
Oh, je me suis si longtemps oubliée
Que j'aurais peine à prendre ma place
Mais j'apprendrais, Millie.
J'apprendrais.»

Pendant que ma mère se mourait,
Sa robe rouge était pendue là, dans le placard,
Comme une entaille parmi les vêtements
Sombres et élimés
Dans lesquels elle s'était tuée à la tâche.

Ses derniers mots furent les suivants:
«Fais-moi l'honneur, Millie, de ne pas suivre mes traces.
Promets-le-moi.»

J'ai promis.
Puis maman a retenu son souffle,
Et elle est allée prendre sa place...
Dans la mort.

Carol Lynn Pearson

L'attitude : un de nos choix dans la vie

Le bonheur ne tient pas à un ensemble de circonstances, mais à un certain ensemble d'attitudes.

Hugh Downs

Ma femme, Tere, et moi avions acheté une nouvelle voiture en décembre. Comme nous devions aller dans la famille de Tere pour Noël, nous avons décidé d'en profiter pour roder la voiture, même si nous avions déjà nos billets d'avion entre la Californie et le Texas. Après avoir entassé nos bagages dans la voiture, nous avons donc pris la route pour aller passer une merveilleuse semaine chez grand-maman.

Notre séjour a été des plus agréables et nous l'avons étiré jusqu'à la toute dernière minute. Il a donc fallu mettre les bouchées doubles au retour et nous avons roulé d'une traite en nous relayant au volant, l'un dormant pendant que l'autre conduisait. Nous sommes rentrés chez nous tard dans la nuit, après avoir roulé plusieurs heures sous une pluie abondante. Exténués, nous n'aspirions qu'à une douche chaude et à un lit douillet. J'avais le sentiment que malgré la fatigue, il vaudrait mieux rentrer les bagages, mais comme Tere ne rêvait que de sa douche et de son lit, nous avons décidé de reporter la tâche au lendemain matin.

Nous nous sommes levés frais et dispos à sept heures, prêts à vider la voiture. Mais en ouvrant la porte, nous avons constaté que l'allée était déserte! Nous nous sommes regardés, nous avons de nouveau regardé dans l'allée, et nos regards ont ainsi fait un mouvement de va-et-vient pendant un bon moment. Puis Tere m'a posé cette incroyable question: «Mais où as-tu garé la voiture?»

Je lui ai répondu en riant: «Là, dans l'allée!» Cette question réglée, nous sommes quand même sortis pour vérifier si, par quelque miraculeux hasard, la voiture n'avait pas reculé pour aller se garer d'elle-même au bord du trottoir. Mais non.

Abasourdis, nous avons appelé la police et fait un rapport censé mettre en branle notre système hautement perfectionné de recherche de voitures volées. Pour ne rien négliger, j'ai aussi appelé la compagnie de recherche. On m'a assuré que dans 98 p. 100 des cas, on retrouvait les voitures en moins de deux heures.

J'ai donc rappelé deux heures plus tard pour demander où était ma voiture. «On ne l'a pas encore retrouvée, M. Harris, mais notre taux de réussite en moins de quatre heures est de 94 p. 100.»

Encore deux heures ont passé. J'ai de nouveau appelé et demandé: «Où est ma voiture?» Encore une fois on m'a répondu: «On ne l'a toujours pas retrouvée, mais notre taux de réussite dans les huit heures est de 90 p. 100.»

J'ai alors rétorqué: «Votre taux de réussite m'importe peu si je me trouve dans le 10 p. 100 restant. Alors appelez-moi quand vous l'aurez retrouvée.»

Un peu plus tard dans la journée, j'ai vu une publicité à la télévision, dans laquelle un fabricant de voitures demandait: «N'aimeriez-vous pas avoir cette voiture devant votre porte?» J'ai aussitôt lancé: «Et comment! J'en avais une hier!»

Tere était de plus en plus nerveuse à mesure que la journée avançait et qu'elle se rappelait le contenu de la voiture — notre album de mariage, d'anciennes photos de famille irremplaçables, des vêtements, tout notre équipement photographique, mon portefeuille, nos chéquiers et une foule d'autres choses. Tous ces objets n'étaient certes pas essentiels à notre survie, mais ils nous paraissaient alors très importants.

Inquiète et frustrée, Tere m'a demandé: «Comment peux-tu plaisanter quand toutes nos choses et notre voiture flambant neuve ont disparu?»

Je l'ai regardée et lui ai répondu: «Ma chérie, on peut s'être fait voler la voiture et se tourmenter, ou s'être fait voler la voiture et être heureux. Dans les deux cas, on s'est fait voler la voiture. Or, comme j'ai la conviction que notre attitude et notre état d'esprit sont des choix que nous faisons, pour l'instant je choisis d'être heureux.»

Cinq jours plus tard on nous rendait notre voiture, mais sans la moindre trace de nos biens et... avec plus de 3 000 $ de dommages. Je l'ai amenée chez le concessionnaire où on m'assura qu'elle serait réparée dans la semaine.

À la fin de la semaine, je suis allé rendre la voiture de location et récupérer la nôtre. J'étais à la fois content et soulagé, mais mon enthousiasme fut de courte durée. En rentrant à la maison, j'ai embouti une voiture juste à la sortie de l'autoroute qui mène chez nous. La voiture que j'ai heurtée n'a pas été endommagée, mais la nôtre, oui: encore 3 000 $ de dommages et une nouvelle réclamation à l'assureur. J'ai pu la conduire jusque dans notre entrée et, quand je suis sorti pour constater les dégâts, le pneu avant gauche est tombé à plat.

J'étais planté là à observer le tableau et à pester contre moi-même quand Tere est arrivée. Elle s'est approchée, a regardé la voiture, puis m'a regardé. Et, voyant mon air navré, elle a passé son bras autour de ma taille et m'a dit: «Mon chéri, on peut avoir une voiture accidentée et se tourmenter, ou avoir une voiture accidentée et

être heureux. Dans les deux cas, on a une voiture accidentée, alors choisissons d'être heureux.»

J'ai éclaté d'un grand rire et nous sommes entrés dans
la maison où nous avons passé ensemble une merveilleuse soirée.

Bob Harris

5

L'APPRENTISSAGE
ET
L'ENSEIGNEMENT

Dans cinquante ans,
l'automobile que vous conduisez,
la maison dans laquelle vous vivez,
votre compte en banque
ou les vêtements que vous portez
n'auront plus d'importance.
Cependant, le monde peut être meilleur
parce que vous avez marqué la vie d'un enfant.

Anonyme

Les cailloux magiques

C'est la pensée quotidienne qui se développe elle-même dans notre vie. Elle a plus d'incidence sur nous que notre cercle de relations sociales. Nos amis les plus intimes ne jouent pas un aussi grand rôle dans le déroulement de notre vie que les pensées que nous entretenons.

J.W. Teal

«Pourquoi devons-nous apprendre toutes ces inepties?» De toutes les récriminations et les questions que j'ai entendues de la part de mes élèves pendant mes années d'enseignement, c'est de loin celle qui était le plus souvent avancée. Je répondrai en vous racontant cette légende.

Un soir, un groupe de nomades se préparaient à se retirer pour la nuit lorsqu'ils furent entourés d'une lumière intense. Ils se savaient en présence d'un être céleste. Avec beaucoup d'impatience, ils attendaient un message divin d'une grande importance qu'ils savaient leur être destiné tout particulièrement.

Enfin, une voix se fit entendre. «Ramassez autant de cailloux que vous le pouvez. Placez-les dans les sacoches de vos selles. Voyagez toute une journée et demain, quand viendra la nuit, vous serez à la fois heureux et tristes.

Après leur départ, les nomades partagèrent leur déception et leur colère les uns avec les autres. Ils s'attendaient à la révélation de la grande vérité universelle qui leur aurait permis de donner au genre humain la richesse, la santé et un but. À la place, on leur donnait une tâche domestique dénuée de sens pour eux. Cependant, le souvenir de l'aura de leur visiteur les incita à ramasser quelques cailloux et à les déposer dans leurs sacoches, tout en continuant d'exprimer leur mécontentement.

Ils voyagèrent toute une journée et, le soir venu, pendant qu'ils dressaient leur camp, ils ouvrirent leurs sacoches pour découvrir que chaque caillou ramassé s'était transformé en diamant. Ils étaient heureux de posséder des diamants. Ils étaient tristes de ne pas avoir ramassé plus de cailloux.

Une expérience que je vécus avec un élève, je l'appellerai Alan, au début de ma carrière d'enseignant illustre bien la vérité que renferme cette légende.

Quand Alan était en première année du secondaire, il se spécialisait en «problèmes» avec une option en «suspension». Il avait appris à se conduire en brute et se préparait à terminer sa maîtrise en «vol».

Chaque jour, je demandais à mes élèves de mémoriser une citation d'un des grands penseurs. En faisant l'appel, je commençais une citation. Pour indiquer sa présence, l'élève devait terminer la pensée.

«Alice Adams — "L'échec réside... "»

«"Dans le manque de persévérance." Présente, M. Schlatter.»

Ainsi, à la fin de l'année, mes jeunes élèves auraient mémorisé 150 grandes pensées.

«Tu penses pouvoir, tu penses ne pas pouvoir — tu as deux fois raison!»

«Si tu ne peux voir les obstacles, c'est que tu as quitté le but des yeux.»

«Le cynique est celui qui connaît le prix de toutes les choses sans en connaître la valeur.»

Et, bien sûr, celle de Napoleon Hill: «Si tu peux le concevoir et le croire, alors tu peux le réaliser.»

Personne ne se plaignait de cette routine plus qu'Alan — jusqu'au jour où il fut expulsé. Je perdis ensuite sa trace pendant cinq ans. Puis un jour, je le revis. Il participait à un programme spécial dans un des collèges voisins et venait de terminer sa libération conditionnelle.

Il me dit qu'après avoir été envoyé dans un centre de jeunesse, puis dans un centre de détention pour jeunes en Californie pour ses mauvais coups, il était si dégoûté de lui-même qu'il s'était taillladé les poignets avec une lame de rasoir.

Il dit: «Vous savez, M. Schlatter, pendant que j'étais là à voir la vie s'écouler de mon corps, je me suis soudain rappelé cette ridicule citation que vous m'aviez fait écrire 20 fois, un jour: «L'échec réside dans le manque de persévérance.» Alors, j'ai compris enfin. Tant que j'étais en vie, je n'étais pas un raté, mais si je me laissais mourir, je mourrais de toute évidence en raté. C'est pourquoi avec la force qui me restait, j'ai appelé à l'aide, puis j'ai commencé une nouvelle vie.»

Lorsqu'il avait entendu la citation, c'était un caillou. Quand il a eu besoin d'orientation pendant une période de crise, le caillou s'était transformé en diamant. C'est pourquoi je vous dis, ramassez tous les cailloux que vous pouvez, et votre avenir sera rempli de diamants.

John Wayne Schlatter

Nous sommes les attardés

Le premier jour de ma carrière d'enseignante, chacune de mes heures de classe se déroulait bien. Je conclus qu'être professeur serait une partie de plaisir. Puis arriva la dernière période de la journée.

Comme je me dirigeais vers la classe, j'entendis des meubles tomber. En tournant le coin, je vis un garçon qui en collait un autre au plancher. «Écoute bien, toi l'attardé!, criait celui qui était en-dessous. Je n'en ai rien à foutre de ta sœur!»

«Tu n'y touches pas, tu m'entends?», menaçait le garçon sur le dessus.

De toute ma grandeur, plutôt petite, je leur demandai de cesser la bataille. Soudainement, 14 paires d'yeux étaient rivés sur mon visage. Je savais que je n'étais pas très convaincante. Se regardant l'un et l'autre, les deux garçons prirent lentement leur place. À ce moment, le professeur de la classe voisine se mit en travers de la porte et cria à mes élèves de s'asseoir, de se taire et de faire ce que je leur dirais. Je me sentais impuissante.

J'essayai de donner la leçon que j'avais préparée, mais je me trouvais devant une mer de visages fermés. Comme les élèves quittaient la classe, je retins celui qui avait provoqué la bataille. Je l'appellerai Mark. «Madame, ne perdez pas votre temps, me dit-il. Nous sommes les attardés.» Puis Mark sortit de la pièce.

Sidérée, je me laissai tomber sur ma chaise et me demandai si j'avais fait le bon choix en voulant enseigner. La fuite était-elle la seule solution? Je me dis que j'endurerais tout cela pendant une année et qu'après mon mariage, l'été suivant, je ferais autre chose de plus valorisant.

«Ils vous ont eu, n'est-ce pas?» C'était le collègue qui était venu dans la classe précédemment. Je fis signe que oui.

«Ne vous en faites pas, dit-il. J'ai enseigné à plusieurs d'entre eux pendant l'été. Ils ne sont que 14, mais la plupart ne réussiront pas à obtenir leur diplôme, de toute façon. Ne perdez pas votre temps avec ces jeunes.»

«Que voulez-vous dire?»

«Ils vivent dans des cabanes dans les champs. Leurs parents sont des travailleurs migrants, ce sont les enfants des cueilleurs. Ils viennent à l'école uniquement quand ça leur chante. Le garçon qui était sur le plancher a tourné autour de la sœur de Mark pendant qu'ils cueillaient des haricots ensemble. J'ai dû leur dire de se taire à la cafétéria, ce midi. Occupez-les et faites-les tenir tranquilles. S'ils vous causent des ennuis, envoyez-les-moi.»

Tout en rassemblant mes effets pour retourner à la maison, je n'arrivais pas à oublier le regard de Mark lorsqu'il avait dit: «Nous sommes les attardés.» *Attardés*. Ce mot résonnait dans ma tête. Chose certaine, il me faudrait prendre des mesures draconiennes.

L'après-midi suivant, je demandai à mon collègue de ne pas revenir dans ma classe. Je devais prendre les enfants en charge à ma façon. Je retournai à ma classe et regardai chacun des enfants dans les yeux. Puis je me dirigeai vers le tableau sur lequel j'écrivis *ECINAJ*.

«C'est mon prénom, dis-je. Pouvez-vous me dire ce que c'est?»

Ils me dirent que j'avais un prénom «bizarre» et qu'ils ne l'avaient jamais vu auparavant. Je retournai au tableau et cette fois j'écrivis *JANICE*. Plusieurs d'entre eux laissèrent échapper le mot et me jetèrent un regard étrange.

«C'est exact, mon nom est Janice, dis-je. J'éprouve des difficultés d'apprentissage, quelque chose qui s'appelle la dyslexie. Quand j'ai commencé l'école, je ne pouvais même pas écrire mon propre nom correctement. Je ne pouvais pas épeler les mots et les chiffres se bousculaient dans ma tête. On m'avait collé l'étiquette d'«attardée». C'est bien cela — j'étais une attardée. J'entends encore ces voix et je ressens encore la honte.»

«Alors, comment êtes-vous devenue professeur?», me demanda quelqu'un.

«Parce que je déteste les étiquettes, que je ne suis pas stupide et que j'aime apprendre. Et c'est ce que cette classe fera. Si vous aimez l'étiquette «attardé», vous n'avez rien à faire ici. Changez de classe. Il n'y a personne d'attardé dans cette classe.

«Je ne vous rendrai pas la vie facile, continuai-je. Nous allons travailler et travailler jusqu'à ce que vous ayez rattrapé le retard. Vous *obtiendrez* votre diplôme et j'espère que quelques-uns d'entre vous se rendront jusqu'à l'université. Ce n'est pas une blague — c'est une promesse. Je ne veux plus jamais entendre le mot «attardé» dans cette classe. Comprenez-vous?»

Ils semblèrent se redresser sur leurs sièges.

Nous travaillâmes fort et j'entrevis bientôt des promesses de réussite. Mark, particulièrement, était un élève très brillant. Je l'entendis dire à un garçon dans le corridor: «Ce livre est vraiment bon. On ne lit pas des livres pour enfants dans ce cours.» Il tenait dans ses mains un exemplaire de *To Kill a Mockingbird* (Du silence et des ombres).

Les mois passèrent et les progrès furent extraordinaires. Puis, un jour, Mark dit: «Les gens pensent encore que nous sommes stupides parce que nous ne parlons pas comme il faut.» C'était le moment que j'attendais depuis longtemps. Maintenant, nous pouvions commencer l'étude intensive de la grammaire, parce qu'ils le voulaient.

J'étais désolée de voir le mois de juin approcher; ils voulaient tellement apprendre. Tous mes élèves savaient que j'allais me marier et déménager dans un autre État. Les élèves de la dernière période étaient visiblement agités chaque fois que je le mentionnais. J'étais heureuse qu'ils se soient pris d'affection pour moi, mais qu'est-ce qui n'allait pas? Étaient-ils en colère parce que je quittais l'école?

Lors de ma dernière journée de classe, le principal vint à ma rencontre comme j'entrais dans l'école. «Pouvez-vous me suivre?, me dit-il d'un air sévère. Il y a un problème avec votre classe.» Il regardait droit devant tandis qu'il me précédait dans le corridor. *Qu'est-ce qui se passe, maintenant?* me demandai-je.

C'était extraordinaire! Il y avait des fleurs dans tous les coins, des bouquets sur les bureaux et sur les classeurs, et une immense gerbe de fleurs sur mon bureau. *Comment avaient-ils pu accomplir tout cela?* m'étonnais-je. La plupart d'entre eux étaient si pauvres qu'ils comptaient sur le programme d'aide scolaire pour obtenir des vêtements chauds et des repas convenables.

Je me mis à pleurer et eux de même.

Je sus plus tard comment ils avaient réussi leur coup. Mark, qui travaillait chez le fleuriste local les fins de semaine, avait vu passer les commandes venant de plusieurs de mes autres classes. Il l'avait mentionné à ses compagnons. Trop fier pour se voir encore une fois affublé de l'étiquette de «pauvre», Mark avait demandé au fleuriste de lui donner toutes les fleurs «défraîchies» du magasin. Puis il avait téléphoné à tous les salons funéraires et avait expliqué que sa classe avait besoin de fleurs pour un professeur qui partait. Ils consentirent à lui donner les bouquets qui restaient après toutes les funérailles.

Ce ne fut pas le seul tribut qu'ils me versèrent, cependant. Deux ans plus tard, les 14 élèves obtinrent tous leur diplôme et six d'entre eux se méritèrent une bourse universitaire.

Vingt-huit ans plus tard, j'enseigne dans une école pour jeunes doués, pas très loin de l'endroit où j'ai amorcé ma carrière. J'ai appris que Mark a épousé la jeune fille dont il était tombé amoureux à l'université et qu'il est maintenant un homme d'affaires prospère. Et, coïncidence, il y a trois ans le fils de Mark figurait sur la liste d'honneur de ma classe d'anglais.

Parfois, je ris quand je repense à ma première journée d'enseignante. Et dire que j'avais envisagé de laisser tomber l'enseignement pour faire autre chose de plus *valorisant*!

Janice Anderson Connolly

Que se passe-t-il avec la jeunesse d'aujourd'hui?

Si vous traitez une personne... comme si elle était ce qu'elle devrait être et pourrait être, elle deviendra ce qu'elle devrait et pourrait être.

Goethe

Notre jeunesse vieillit beaucoup plus vite aujourd'hui. Elle a besoin de notre aide.

Alors que puis-je faire?

Ma voix intérieure me demandait pourquoi je ne servais pas de modèle à la jeune génération d'aujourd'hui. Non, je ne le pouvais pas. Je n'étais pas psychologue et je n'avais assurément pas le genre d'influence qu'il fallait à un politicien pour opérer un changement important.

Je suis ingénieur. J'ai obtenu un diplôme en génie électrique de l'Université de Virginie. Je travaille maintenant pour Hewlett-Packard.

Pourtant cette idée m'obsédait.

Finalement, je décidai de faire quelque chose. Ce matin-là, j'appelai à l'école secondaire du voisinage. Je parlai au directeur et lui expliquai mon désir d'aider les jeunes. Il était ravi et m'invita à venir à l'école durant l'heure du lunch. J'acceptai.

À midi, je me rendis à l'école en voiture. Une foule de pensées bourdonnaient dans ma tête: «Pourrais-je établir des liens avec eux? Les élèves voudraient-ils parler à un étranger?»

Je n'avais pas mis les pieds dans une école secondaire depuis de nombreuses années. Comme je me dirigeais vers le couloir, je vis des élèves en pleine agitation. L'école était bondée. Certains me paraissaient beaucoup plus âgés. La plupart d'entre eux portaient des vêtements très amples.

Enfin, j'arrivai à la salle 103 où je devais partager mes expériences avec les élèves. Je pris une grande inspiration et j'ouvris la porte. Trente-deux élèves y bavardaient ensemble. À mon entrée, le silence se fit. Tous les yeux étaient braqués sur moi. «Bonjour, je m'appelle Marlon.»

«Bonjour Marlon, entrez.» OUFFFFF! je me sentis soulagé. Ils m'avaient accepté.

Pendant cette séance d'une heure, nous prîmes plaisir à parler d'objectifs, de l'importance de l'école et de la résolution de conflits sans violence. Lorsque la cloche sonna l'heure de la période suivante, je ne voulais pas que ma rencontre se termine. Le temps s'était écoulé à la vitesse de l'éclair, et voilà qu'il me fallait déjà retourner au bureau. J'avais peine à croire à quel point j'avais eu du plaisir. Je rentrai au bureau enthousiasmé.

Cela se poursuivit pendant des mois. Je tissai un grand nombre de liens à l'école. La plupart des élèves s'attachèrent à moi. Pourtant tous les élèves n'étaient pas emballés par ma venue.

En fait, Paul ne l'était pas.

Je n'oublierai jamais Paul. Il avait vraiment l'air d'un dur, environ 1 mètre 90, 100 kilos. Il venait à peine d'être transféré à cette école. La rumeur courait qu'il avait fréquenté de nombreux centres de détention pour jeunes. En fait, les professeurs en avaient peur. Et pourquoi pas? Deux ans auparavant, il avait été condamné pour avoir poignardé son professeur d'anglais pendant une discussion orageuse. Tous le laissaient faire à sa guise. Il arrivait en retard, n'apportait jamais de livres parce qu'il était trop «cool» pour aller à l'école.

De temps à autre, il assistait à mes dîners-causeries, mais ne disait jamais rien. Je crois que la seule raison de sa présence était de «faire la chasse aux belles filles».

Chaque fois que je tentais de le faire participer, il me dévisageait de ses yeux perçants. Il m'intimidait. Il était comme une bombe sur le point d'exploser. Je n'avais pas l'intention d'abandonner pourtant. Chaque fois qu'il assistait, j'essayais de l'entraîner dans la discussion, mais il n'était pas intéressé.

Un jour, j'en eus assez et la bombe explosa.

Pendant cette séance-là, nous élaborions nos «collages d'objectifs». Les élèves découpaient des illustrations de leurs objectifs dans des magazines et les collaient sur un grand carton. La séance durait depuis 20 minutes quand Paul s'amena.

Je demandai un volontaire pour partager son collage d'objectifs avec le reste de la classe. Julie, une fille toute délicate, se leva et commença à nous faire part de ses rêves. J'étais heureux de voir Julie se lever parce que, lorsque je l'avais vue pour la première fois, elle était très timide.

«J'irai à la faculté de médecine pour devenir médecin.»

Tout d'un coup un éclat de rire s'éleva de l'arrière de la classe.

«Voyons. Toi, un médecin? Sois réaliste. Tu ne seras jamais quelqu'un.»

Toutes les têtes se tournèrent vers le fond de la classe. Paul riait de ses propres propos.

J'étais sidéré. Je ne pouvais croire à ce qui venait de se passer. Il se fit un silence complet. Que devais-je faire? Mon adrénaline montait.

«Paul, ce n'est pas correct. Qui es-tu pour rabaisser quelqu'un d'autre?»

«Hé, prof, un peu de respect! Es-tu irrespectueux envers moi? Sais-tu qui je suis? Écoute, bonhomme, je suis un G.O., un Gangster Original. Ne t'attaque pas à moi; tu vas te faire mal.»

Il se dirigea vers la porte.

«Non, Paul, ça ne va pas du tout. Tu n'as pas le droit de rabaisser quelqu'un d'autre. Assez, c'est assez. Tu n'es pas obligé d'être ici. Ou tu fais partie du groupe ou tu n'en fais pas partie. Nous sommes une équipe et nous nous soutenons mutuellement. Paul, tu as tellement de potentiel. Nous voulons que tu participes. Tu as tant à offrir au groupe. Je me préoccupe de toi comme je me préoccupe de tout le groupe. C'est pourquoi je suis ici. Veux-tu faire partie de l'équipe?»

Paul regarda par-dessus son épaule et me jeta un regard terrorisé. Il ouvrit la porte et sortit, claquant la porte derrière lui.

La classe sortit ébranlée de cette scène, et moi aussi d'ailleurs.

Après la classe, je rassemblai mon matériel et me dirigeai vers ma voiture. Comme je m'en approchais, quelqu'un m'appela.

Je me retournai et, à ma grande surprise, je vis Paul. Il se dirigeait rapidement vers moi. Une sensation de crainte m'envahit. Une partie de moi voulait appeler à l'aide, mais tout était arrivé si vite que je ne pouvais pas bouger.

«M. Smith, vous rappelez-vous ce que vous m'avez dit?»

«Oui, Paul.»

«Le pensiez-vous vraiment lorsque vous avez dit que vous vous souciez de moi et que vous voulez que je fasse partie de votre équipe?»

«Oui, bien sûr, Paul.»

«Voyez-vous, de toute ma vie personne ne m'a jamais dit qu'il s'intéressait à moi. Vous êtes la première personne à dire ça. Je veux faire partie de votre équipe. Merci de vous être soucié de moi suffisamment pour m'avoir tenu tête. Je ferai mes excuses à Julie demain devant toute la classe.»

Je ne pouvais en croire mes oreilles. J'étais en état de choc. Je pouvais à peine parler.

Comme il s'éloignait, mes yeux s'emplirent de larmes, des larmes de joie qui coulèrent le long de mes joues. J'avais été profondément marqué, probablement pour la vie. Ce jour-là, je décidai de consacrer ma vie à donner aux jeunes les moyens de réaliser leur plein potentiel.

Marlon Smith

Un zéro dans la neige

Tout commença par une tragédie, un de ces matins de février où le froid était particulièrement mordant. Je roulais derrière l'autobus de Milford Corners, comme la plupart des matins neigeux, pour me rendre à l'école. L'autobus dévia et s'arrêta devant l'hôtel, ce qu'il ne devait pas faire, et j'étais ennuyé parce qu'il avait fait un arrêt imprévu. Un garçon tituba hors de l'autobus, chancela, trébucha et s'écroula dans la neige qui bordait le trottoir. Le chauffeur d'autobus et moi arrivâmes près du garçon au même moment. Son visage mince et creux paraissait blanc même contre la neige.

«Il est mort», murmura le chauffeur.

Il me fallut une minute pour comprendre. Je jetai un coup d'œil à tous ces jeunes visages apeurés qui nous regardaient depuis l'autobus. «Un médecin! Vite! Je vais téléphoner de l'hôtel.»

«Inutile. Je vous le dis, il est mort.» Le chauffeur regardait le garçon immobile. «Il n'a jamais dit qu'il ne se sentait pas bien, murmura-t-il, il m'a juste touché l'épaule et dit très doucement qu'il était désolé et qu'il devait descendre à l'hôtel. C'est tout. Poliment, comme en s'excusant.»

À l'école, les rires et les bruits du matin se turent à mesure que la nouvelle se répandit dans les corridors. Je passai près d'un groupe de filles. «Qui était-ce? Qui est mort sur le chemin de l'école?» entendis-je l'une d'entre elles murmurer.

«Je ne sais pas son nom; un gamin de Milford Corners», fut la réponse.

C'était la même chose dans la salle des professeurs et dans le bureau du directeur. «J'apprécierais que vous alliez l'annoncer aux parents, me dit le directeur. Ils n'ont pas le téléphone et, de toute façon, il faut qu'un représentant de l'école se rende sur place. Je m'occuperai de vos classes.»

«Pourquoi moi? demandai-je. Ne serait-ce pas préférable si vous y alliez vous-même?»

«Je ne connaissais pas le garçon, admit le principal d'un ton égal. Et dans la rubrique des personnalités de l'an dernier, j'ai remarqué que vous figuriez comme son professeur favori.»

Je conduisis dans la neige et le froid le long de la mauvaise route du canyon jusque chez les Evans et pensai au garçon, Cliff Evans. Son professeur favori! Pourquoi? Il ne m'avait pas dit deux mots en deux ans! Je me le rappelais, assis dans la dernière rangée de ma classe de littérature. Il entrait dans la classe seul et repartait seul. «Cliff Evans, murmurais-je pour moi-même, un garçon qui ne souriait jamais. Je ne l'ai jamais vu sourire une seule fois.»

La grande cuisine du ranch était propre et chaude. Je réussis à leur annoncer la nouvelle tant bien que mal. Madame Evans chercha aveuglément une chaise. «Il n'a pas dit qu'il était malade.»

Son beau-père grogna: «Il n'a jamais rien dit de toute façon, depuis que j'ai emménagé ici.»

Madame Evans se leva, repoussa une poêle à frire au fond de la cuisinière et commença à détacher son tablier. «Attends une minute, dit son mari d'un ton sec. Je veux mon petit déjeuner avant de me rendre en ville. Nous ne pouvons rien faire de toute façon. Si Cliff n'avait pas été si bête, il nous aurait dit qu'il ne se sentait pas bien.»

Après l'école, je restai assis au bureau et je regardai les dossiers éparpillés devant moi. Il fallait que je ferme le dossier du garçon et que je rédige son avis de décès pour le journal de l'école. Les feuilles presque vierges ridiculisaient mes efforts. «Cliff Evans, Blanc, jamais adopté légalement par son beau-père, cinq demi-frères et demi-sœurs.» Ces bribes d'information et la liste des notes médiocres étaient à peu près tout ce que les dossiers avaient à offrir.

Cliff Evans avait franchi la porte de l'école en silence chaque matin et avait fait de même le soir, et c'était tout. Il n'avait jamais appartenu à un groupe. Il n'avait jamais fait partie d'une équipe. Il n'avait jamais occupé de fonction. Pour autant que je sache, il n'avait jamais fait aucune de ces choses amusantes et bruyantes que font les enfants. Il n'avait jamais été quelqu'un du tout.

Comment peut-on faire un zéro d'un enfant? Les dossiers scolaires me révélèrent une grande partie de la réponse. Au début du cours élémentaire, les commentaires des professeurs se lisaient: «enfant timide et doux; timide, mais vaillant». Puis le commentaire au milieu du primaire avait ouvert l'attaque. Un professeur avait écrit d'une main ferme: «Cliff ne parle pas. Non coopératif. Difficultés d'apprentissage.» Les autres moutons scolaires avaient emboîté le pas avec: «terne, lent, QI peu élevé». Ils finirent par avoir raison. Le QI du garçon était de 83 au milieu du secondaire, pourtant au milieu du primaire, il était de 106. La marque n'avait pas descendu sous les 100 avant le début du secondaire. Même les enfants doux et timides ont de la résistance. Il faut du temps pour les briser.

Je m'installai à la machine à écrire et rédigeai un compte rendu sévère indiquant ce que le système d'éducation avait fait de Cliff Evans. J'en jetai une copie sur le bureau du directeur et classai l'autre dans le triste dossier écorné, le fermai et claquai la porte pour rentrer à la maison. Pourtant, je ne me sentais pas vraiment mieux. Un petit garçon me suivait toujours, un garçon au visage pointu, au corps maigre dans un jeans délavé et aux grands yeux qui avaient cherché pendant très longtemps, puis s'étaient voilés.

Je pouvais imaginer le nombre de fois où il avait été le dernier choix d'une équipe, combien de conversations en sourdine s'étaient déroulées sans lui. Je pouvais voir les visages et entendre les voix qui répétaient sans cesse: «Tu es bête, tu es bête. Tu es nul, Cliff Evans.»

Un enfant est une créature crédule. Cliff les avait sans aucun doute crus. Soudain, tout devint clair: Quand finalement, il n'était plus rien resté pour Cliff Evans, il s'était écroulé sur un banc de neige et était parti. Le médecin pouvait attribuer la mort à un «arrêt cardiaque», mais je ne changerai pas d'avis pour autant.

Jean Tod Hunter

Un simple geste d'attention

Mon ami Charlie entra sans frapper, en laissant claquer la porte arrière. Il se dirigea en droite ligne vers mon réfrigérateur, prit une bière et se laissa tomber sur une chaise de cuisine. Je le regardai avec intérêt.

Il avait cet air secoué, ahuri, de quelqu'un qui vient de voir un fantôme ou d'être confronté à sa propre mort. Ses yeux étaient cerclés de noir et il secouait la tête d'un côté à l'autre comme s'il tenait une vive conversation intérieure. Enfin, il prit une grande gorgée de bière et me regarda dans les yeux.

Je lui dis qu'il avait l'air plutôt mal en point. Il le reconnut, ajoutant qu'il se sentait encore pire, *secoué*. Puis il me raconta cette histoire extraordinaire.

Charlie est professeur d'arts plastiques à l'école secondaire locale. Il travaille là depuis de nombreuses années et jouit de la réputation enviée de celui qui est respecté de ses collègues et recherché par ses élèves. Il semble que ce jour-là, une ancienne élève lui eut rendu visite; elle revenait après cinq ans pour lui montrer son alliance, son nouveau bébé et pour lui parler de sa carrière bien lancée.

Charlie s'arrêta de parler assez longtemps pour goûter sa bière. C'était donc cela, pensais-je. Il avait été confronté à sa propre mortalité. Les années s'envolent rapidement pour un professeur et il est toujours déconcertant de cligner des yeux pour découvrir une femme là où, hier à peine, se trouvait une enfant.

«Non, ce n'était pas exactement cela, m'informa Charlie. Pas une leçon sur la mortalité. Pas un fantôme.» C'était plutôt une leçon, expliqua-t-il, une leçon d'humilité.

Près de cinq ans auparavant, la visiteuse, Angela, était une élève en arts plastiques qui s'appliquait à moitié. Charlie se rappelait d'elle comme d'une fille tranquille, ordinaire et plutôt solitaire, mais qui accueillait favorablement les marques d'amitié avec un sourire timide.

Elle était maintenant une jeune femme sûre d'elle, une mère, qui amorçait les conversations au lieu de les attendre. Elle était venue rendre visite à son ancien professeur d'arts plastiques avec un but bien précis. Elle commença immédiatement après les politesses d'usage.

«Quand j'étais au secondaire, expliqua-t-elle, mon beau-père abusait de moi. Il me battait et venait dans ma chambre la nuit. C'était horrible. J'avais très honte. Je n'en avais parlé à personne. Personne ne le savait.

«Finalement, pendant ma troisième secondaire, mes parents partirent une fin de semaine, en me laissant seule à la maison pour la première fois. Je planifiai ma fuite.

«Ils partirent le jeudi soir, je passai donc la nuit à me préparer. Je fis mes devoirs, j'écrivis une longue lettre à ma mère et mis de l'ordre dans mes affaires. J'achetai un rouleau de papier collant très large et je passai une heure à calfeutrer de l'intérieur toutes les portes extérieures et les fenêtres du garage. J'insérai la clef dans le contact de l'automobile de ma mère, j'installai mon ourson sur le siège du passager, puis j'allai me mettre au lit.

«Mon plan était de me rendre à l'école le vendredi et de prendre l'autobus au retour, comme à l'habitude.

J'attendrais à la maison que mes parents téléphonent, je leur parlerais, puis je me rendrais dans le garage et je ferais démarrer la voiture. Je me disais que personne ne me trouverait avant le dimanche après-midi, lorsque mes parents reviendraient. Je serais morte. Je serais libre.»

Angela s'en était tenue à son plan jusqu'à la dernière période de la journée, le cours d'arts plastiques, lorsque Charlie, son professeur, juché sur un tabouret à ses côtés, examina son travail et passa son bras autour de ses épaules. Il lui parla un peu, écouta sa réponse, l'étreignit brièvement, puis passa à l'élève suivant.

Angela retourna à la maison cet après-midi-là et écrivit à sa mère une seconde lettre, différente, une lettre d'adieu cette fois. Elle retira le papier collant du garage et rangea son ourson avec le reste de ses affaires. Ensuite, elle téléphona au pasteur qui vint immédiatement la chercher. Elle quitta la maison de ses parents pour ne plus jamais y revenir. Elle s'épanouit et en accorda tout le crédit à Charlie.

L'histoire tirant à sa fin, Charlie et moi discutâmes tranquillement des écoles qui interdisent aux professeurs d'avoir des contacts physiques avec les élèves, de la philosophie qui soutient que le temps consacré à l'aspect social est du temps perdu, du grand nombre d'élèves qui, souvent, écarte toute possibilité de ce genre de contact. Combien de fois, nous demandions-nous, avions-nous répondu aux besoins des élèves de façon désinvolte? Nous demeurâmes assis en silence, réfléchissant à l'intensité et aux conséquences d'une telle histoire. Ce genre de contact doit se produire des milliers de fois dans les écoles, les églises et les centres commerciaux, chaque jour. Il n'y avait rien de spécial. Les adultes comme Charlie le font naturellement, sans même y penser.

Puis Charlie donna son interprétation. Angela avait décidé à ce moment-là, dans ce cours d'arts plastiques, que si un professeur amical se préoccupait suffisamment d'elle pour prendre le temps de s'arrêter, d'établir un contact, de la regarder et de l'écouter, il devait y avoir d'autres personnes qui se souciaient aussi d'elle. Elle n'avait qu'à les trouver.

Charlie se prit la tête dans les mains, pendant que je me frottais les bras pour faire disparaître la chair de poule. Il me regarda, armé de sa nouvelle leçon d'humilité. «Nancy, dit-il d'un ton calme et catégorique, ce qui me rend d'autant plus humble, c'est que je ne me rappelle même pas cet incident!»

Et après toutes ces années, elle était revenue pour lui dire que c'était à lui qu'elle devait la vie.

Nancy Moorman

Adam

En convalescence à la suite de sa deuxième intervention à cœur ouvert à l'hôpital pour enfants Western Ontario, ma fille de six ans quitta l'unité des soins intensifs pour l'étage de la pédiatrie. Comme une partie de l'étage était fermée, Kelley se retrouva dans l'aile réservée aux enfants atteints de cancer.

Dans la chambre voisine, Adam, un garçon de six ans, se battait contre la leucémie. Il passait une partie de chaque mois à l'hôpital pour recevoir des traitements de chimiothérapie. Chaque jour, Adam venait se promener dans la chambre de Kelley, poussant la perche qui soutenait son soluté de chimiothérapie. En dépit de l'inconfort des traitements, Adam était toujours souriant et enjoué. Il nous distrayait pendant des heures en nous racontant ses nombreuses histoires. Adam réussissait toujours à trouver un aspect positif et humoristique dans toute situation, si difficile fut-elle.

Un jour en particulier, j'étais très fatiguée et anxieuse de voir Kelley quitter l'hôpital. La journée grise et sombre ne faisait qu'alimenter mon désarroi. Pendant que je regardais le ciel pluvieux par la fenêtre, Adam arriva pour sa visite quotidienne. Je lui dis à quel point je trouvais la journée déprimante. Avec son sourire immuable, Adam se tourna vers moi et me répondit d'un ton enjoué: «Chaque journée est belle pour moi».

Depuis ce jour-là, je n'ai jamais connu un jour sombre. Même les jours les plus gris m'apportent un sentiment de joie, chaque fois que je pense avec reconnaissance aux sages paroles prononcées par un brave petit garçon de six ans qui portait le nom d'Adam.

Patty Merritt

Mademoiselle Hardy

*Dans la vie, il arrive toujours une rencontre mysté-
rieuse où quelqu'un nous reconnaît pour ce que
nous sommes et pouvons devenir, catalysant ainsi
les circuits de notre plein potentiel.*

Rusty Berkus

J'ai commencé ma vie comme un enfant en difficulté
d'apprentissage. Je souffrais d'une distorsion de la vision
appelée *dyslexie*. Les enfants dyslexiques apprennent
souvent les mots rapidement, mais ils ne savent pas
qu'ils ne voient pas les mots de la même manière que les
autres. Je percevais mon monde comme un endroit merveilleux rempli de formes appelées mots et j'avais acquis
une mémoire visuelle du vocabulaire qui rendait mes
parents très optimistes quant à ma capacité d'apprendre.
À ma grande horreur, je découvris en débutant mon cours
primaire que les lettres revêtaient plus d'importance que
les mots. Les enfants dyslexiques les tracent à l'envers en
modifiant l'ordre et ne les agencent pas de la même
manière que les autres enfants. Mon professeur me colla
donc l'étiquette d'enfant en difficulté d'apprentissage.

Elle consigna ses observations et les transmit à mon
futur professeur pendant l'été afin qu'elle développe un
préjugé à mon endroit avant même que j'arrive dans sa
classe. Au cours de ma deuxième année scolaire, j'étais en
mesure de voir les réponses aux problèmes de maths,
mais je n'avais aucune idée du processus qu'il fallait suivre pour les obtenir, et je découvris que le processus était
beaucoup plus important que la réponse. J'étais maintenant totalement intimidé par le processus d'apprentissage, alors je me mis à bégayer. Incapable de parler d'un

ton assuré, d'effectuer des opérations mathématiques simples et d'agencer les lettres de façon appropriée, j'étais un désastre complet. J'en vins à adopter une stratégie: me placer au fond de chaque classe, rester hors de vue et, quand on appelait mon nom, marmonner «Je n-n-ne s-s-sais p-p-pas». Voilà qui scella mon destin.

Mon professeur, pour ma troisième année à l'école, savait avant que j'arrive dans sa classe que je ne pouvais ni parler, ni écrire, ni lire, ni effectuer des opérations mathématiques; elle n'était donc pas très optimiste à mon égard. Je découvris alors la simulation pour me tirer d'affaires. Cela me permettait de passer plus de temps avec l'infirmière de l'école qu'avec mon professeur ou de trouver des raisons plutôt vagues de rester à la maison ou d'y retourner. Ce fut donc ma stratégie pendant ma troisième et ma quatrième années scolaires au primaire.

Juste comme j'allais mourir intellectuellement, l'année suivante, Dieu me plaça sous la tutelle de la terrible mademoiselle Hardy, connue dans tout l'ouest des États-Unis comme étant l'une des plus redoutables enseignantes du primaire de ce côté-ci des Rocheuses. Cette femme incroyable, du haut de son mètre 95, se pencha vers moi, m'entoura de ses bras et dit: «Il n'a pas de difficultés d'apprentissage, il est excentrique».

Il faut dire que les gens voient le potentiel d'un excentrique avec beaucoup plus d'optimisme que celui d'un enfant ayant des difficultés d'apprentissage. Pourtant, elle ne s'en tint pas à cela. Elle dit: «J'ai parlé à ta mère et elle m'a dit que lorsqu'elle te lit quelque chose, tu t'en rappelles comme si tu avais une mémoire photographique. Tu as simplement des problèmes lorsque tu dois assembler les mots et les morceaux. Et lire tout haut semble poser un problème, aussi quand je te demanderai de lire en classe, je te le dirai d'avance et tu pourras mémoriser le texte le soir précédent à la maison, puis nous ferons semblant devant tous les autres enfants. De plus, ta mère dit que si tu regardes quelque chose, tu peux en parler avec beaucoup d'assurance, mais si elle te demande de le lire mot à mot et d'écrire un compte rendu, tu sembles dépassé par les lettres et tout, et tu perds le sens. Alors, quand les autres enfants devront lire et faire les exercices que je leur donne, tu pourras les emporter chez toi et prendre tout ton temps pour les faire dans le calme, puis me les rapporter le lendemain.»

Elle ajouta aussi: «Je remarque que tu hésites et crains de donner ton opinion; je crois que toute idée avancée par une personne est digne de considération. J'ai pensé à quelque chose, je ne sais pas si ça marchera, mais cela a aidé un homme appelé Démosthène — peux-tu dire Démosthène?»

«D-d-d-d...»

Elle dit: «Bien, tu y arriveras. Démosthène avait une langue indisciplinée; il plaça donc des pierres dans sa bouche et pratiqua jusqu'à ce qu'il arrive à une maîtrise parfaite. Voici quelques billes, trop grosses pour que tu les avales, que j'ai lavées. À partir de maintenant, quand je te demanderai de parler, j'aimerais que tu les mettes dans ta bouche, que tu te lèves et que tu parles jusqu'à ce que j'entende et comprenne ce que tu dis.» Et, bien sûr, fort de sa confiance manifeste et de sa compréhension, je courus le risque, je disciplinai ma langue et réussis à parler.

L'année suivante, je passai en dernière année du primaire et, à ma grande joie, mademoiselle Hardy aussi. J'eus donc l'occasion d'étudier deux années complètes sous sa tutelle.

Je gardai contact avec mademoiselle Hardy au fil des ans, ce qui me permit d'apprendre, quelques années

auparavant, qu'elle était en phase terminale de cancer. Sachant à quel point elle serait seule, son unique élève particulier se trouvant à plus de 1 500 kilomètres, j'achetai naïvement un billet d'avion et franchis la distance pour me retrouver à faire la file (au moins au figuré) derrière plusieurs centaines de ses autres élèves spéciaux — des personnes qui avaient aussi gardé un contact avec elle et fait le pèlerinage pour renouer avec elle et partager leur affection pour elle à la fin de sa vie. Le groupe comptait un étrange amalgame de gens — 3 sénateurs américains, 12 législateurs d'État et un grand nombre de PDG de grandes sociétés.

Fait intéressant, en comparant nos notes, nous constatâmes que les trois quarts d'entre nous étions, en arrivant dans la classe de mademoiselle Hardy, plutôt intimidés par le processus éducatif, nous croyant incapables, insignifiants et à la merci de la destinée ou de la chance. Elle a su nous convaincre que nous étions des personnes capables, intelligentes, influentes et en mesure d'exceller dans la vie si nous nous en donnions la peine.

H. Stephen Glenn

Le cadeau de toute une vie

Teddy Stallard méritait certainement le qualificatif de «moins que rien»: désintéressé de l'école, des vêtements froissés qui dégageaient une odeur de moisi, des cheveux qui ne voyaient jamais un peigne; un de ces écoliers au visage figé, au regard vitreux, flou et sans expression. Lorsque mademoiselle Thompson s'adressait à Teddy, il répondait toujours par monosyllabes. Peu séduisant, démotivé et distant, il était tout bonnement difficile à aimer.

Bien qu'elle affirmât aimer tous ses élèves de la même façon, au fond d'elle-même mademoiselle Thompson ne disait pas vraiment la vérité. Chaque fois qu'elle corrigeait les devoirs de Teddy, elle éprouvait un malin plaisir à tracer des X à côté des mauvaises réponses et, en inscrivant un F en haut de la feuille, elle le faisait toujours avec style. Elle aurait dû être plus avisée; elle avait le dossier de Teddy et en savait plus sur lui qu'elle ne voulait l'admettre. Le dossier indiquait:

> 1re année: *Teddy donne un rendement prometteur et a une bonne attitude, mais la situation à la maison est médiocre.*

> 2e année: *Teddy pourrait faire mieux. Sa mère est gravement malade. Il n'a que peu d'aide à la maison.*

> 3e année: *Teddy est un gentil garçon, mais un peu trop sérieux. C'est un élève lent. Sa mère est décédée cette année.*

> 4e année: *Teddy est très lent, mais il se conduit bien. Son père ne manifeste aucun intérêt.*

Noël arriva et les garçons et les filles dans la classe de mademoiselle Thompson lui offrirent des cadeaux. Ils les

empilèrent sur son bureau et se massèrent autour pendant qu'elle les ouvrait. Parmi les présents, il y en avait un de Teddy Stallard. Elle était surprise qu'il lui en ait offert un, mais il l'avait fait. Le cadeau de Teddy était emballé dans du papier brun et retenu par du ruban adhésif. Sur le papier était inscrit ces simples mots «Pour mademoiselle Thompson de Teddy». Lorsqu'elle ouvrit le cadeau, elle y trouva un bracelet de mauvais goût en pierres du Rhin, auquel manquaient la moitié des pierres, et un flacon de parfum bon marché.

Les enfants se mirent à ricaner et à sourire d'un air narquois en voyant les cadeaux de Teddy, mais mademoiselle Thompson eut au moins le bon sens de les réduire au silence en enfilant le bracelet et en mettant quelques gouttes de parfum sur son poignet. En levant le poignet pour que les enfants puissent le sentir, elle dit: «Cela sent bon, n'est-ce pas?» Et les enfants, imitant leur professeur, acquiescèrent vivement avec des oh! et des ah!

À la fin de la journée, lorsque l'école fut terminée et que les autres enfants eurent quitté, Teddy s'attarda. Il s'approcha lentement de son bureau et dit doucement: «Mademoiselle Thompson..., vous sentez exactement comme ma mère... et son bracelet est très joli sur vous. Je suis très heureux que vous aimiez mes cadeaux.» Après le départ de Teddy, mademoiselle Thompson tomba à genoux et demanda à Dieu de lui pardonner.

Le jour suivant quand les enfants arrivèrent à l'école, ils furent accueillis par un nouveau professeur. Mademoiselle Thompson était devenue une personne différente. Elle n'était plus seulement une enseignante, elle était devenue un émissaire de Dieu. Elle s'était engagée à aimer ses enfants et à faire pour eux des choses qui lui survivraient. Elle aida tous les enfants, mais particulièrement les plus lents, et plus précisément Teddy Stallard. À la fin de l'année scolaire, Teddy s'était amélioré de façon spectaculaire. Il avait rattrapé la plupart des élèves et en dépassait même quelques-uns.

Elle n'entendit plus parler de Teddy pendant long-temps. Puis, un jour, elle reçut une note qui disait:

Chère mademoiselle Thompson,
Je voulais que vous soyez la première à savoir que je terminerai le deuxième de ma classe.

Amitiés, Teddy Stallard

Quatre ans plus tard, une autre note arriva:

Chère mademoiselle Thompson,
On vient de me dire que je terminerai en tête de ma promotion. Je voulais que vous soyez la première à le savoir. L'université n'a pas été facile, mais j'ai bien aimé.

Amitiés, Teddy Stallard

Et encore quatre ans plus tard:

Chère mademoiselle Thompson,
Depuis aujourd'hui, je suis Theodore Stallard, M.D. Qu'en dites-vous? Je voulais que vous soyez la première à savoir que je me marie le mois prochain, le 27 pour être exact. J'aimerais que vous assistiez à mon mariage et que vous vous asseyez là où ma mère se serait assise si elle vivait encore. Vous êtes la seule famille qui me reste; mon père est décédé l'année dernière.

Amitiés, Teddy Stallard

Mademoiselle Thompson se rendit à ce mariage et s'assit là où la mère de Teddy se serait assise. Elle méritait d'être assise là; elle avait fait pour Teddy quelque chose qu'il n'oublierait jamais.

Elizabeth Silance Ballard

Une bonne action en attire une autre

Quand j'étais au premier cycle du secondaire, la brute de la classe m'assena un coup dans l'estomac. Non seulement ce coup avait été douloureux et m'avait mis en colère, mais l'embarras et l'humiliation étaient presque intolérables. Je voulais désespérément lui rendre la monnaie de sa pièce! Je planifiai de le rencontrer près des râteliers à bicyclettes le lendemain et de lui en faire voir.

Pour une raison inconnue, je fis part de mon plan à Nana, ma grand-mère — grave erreur. Elle me fit un de ses longs sermons (cette femme pouvait vraiment parler). Le sermon était une véritable corvée, mais entre autres choses, je me rappelle vaguement qu'elle m'ait dit que je ne devais pas me faire de soucis à propos de ce tyran. Elle me dit: «Les bonnes actions attirent le bien et les mauvaises actions attirent le mal.» Je lui répondis, gentiment bien sûr, que je pensais qu'elle en remettait. J'ajoutai que je faisais de bonnes actions tout le temps et que tout ce que j'obtenais en retour était des «moqueries». Pourtant, elle n'en démordit pas. Elle ajouta: «Toutes les bonnes actions que tu fais te seront rendues un jour, et toutes les mauvaises actions aussi.»

Il me fallut 30 ans pour comprendre la sagesse contenue dans ses mots. Nana vivait dans une pension à Laguna Hills, en Californie. Chaque mardi, je lui rendais visite et l'emmenais déjeuner à l'extérieur. Je la trouvais toujours bien habillée et assise tout près de la porte d'entrée. Je me rappelle encore, comme si j'y étais, notre dernier déjeuner, juste avant qu'elle soit admise dans un hôpital pour convalescents. Nous nous rendîmes en voiture dans un petit restaurant familial situé tout près. Je commandai un pot-au-feu pour elle et un hamburger pour moi. On nous servit et comme j'attaquais, je remarquai que Nana ne mangeait pas. Elle regardait fixement la nourriture dans son assiette. Écartant mon assiette, je pris celle de Nana, la plaçai devant moi et coupai sa viande en petits morceaux. Je remis son assiette devant elle. Pendant qu'elle portait faiblement et avec difficulté la nourriture à sa bouche à l'aide de sa fourchette, je me rappelai un souvenir qui me mit les larmes aux yeux. Quarante ans auparavant, alors que j'étais un petit garçon assis à la table, Nana coupait toujours la viande dans mon assiette pour que je puisse la manger.

Il avait fallu quarante ans pour connaître les fruits d'une bonne action. Nana avait raison. On récolte exactement ce que l'on sème. «Toutes les bonnes actions que l'on fait nous sont rendues un jour.»

Que s'est-il passé avec le tyran du premier cycle du secondaire?

Il est tombé sur le tyran du second cycle du secondaire.

Mike Buetelle

6

VIVRE SON RÊVE

*L'avenir appartient à ceux qui croient
en la beauté de leurs rêves.*

Eleanor Roosevelt

Un petit garçon

Un petit garçon
Regarda une étoile
Et se mit à pleurer.
Et
L'étoile lui dit
Petit garçon
Pourquoi pleures-tu?
Et
Le petit garçon lui dit
Vous êtes si loin que
Je ne serai jamais capable
De vous toucher.
Et
L'étoile de lui répondre
Petit garçon
Si je n'étais pas déjà
Dans ton cœur
Tu serais incapable
De me voir.

John Magliola

Le rêve d'une petite fille

Il fallut du temps pour que la promesse se réalise. Et il en fut de même pour le rêve.

Au début des années 1950, dans une petite ville du sud de la Californie, une petite fille déposait une nouvelle pile de livres sur le comptoir minuscule de la bibliothèque.

Cette petite fille était une lectrice assidue. Ses parents avaient des livres plein la maison, mais ce n'était pas toujours ceux qu'elle voulait. C'est pourquoi elle faisait son long trajet hebdomadaire à la bibliothèque jaune bordée de brun, petit bâtiment d'une pièce où la partie réservée aux enfants n'occupait qu'un simple recoin. Souvent, elle s'aventurait hors du recoin, à la recherche d'un butin plus riche.

Pendant que la bibliothécaire aux cheveux blancs apposait à la main le tampon de la date de retour dans les livres choisis, la fillette de 10 ans jeta un regard de convoitise sur la «Nouveauté», bien en évidence sur le comptoir. À nouveau elle s'émerveillait du miracle que constitue l'écriture d'un livre et du fait de le voir honoré de la sorte là, aux yeux de tous.

C'est ce jour-là qu'elle avoua son objectif.

«Quand je serai grande, dit-elle, je serai écrivaine. J'écrirai des livres.»

La bibliothécaire releva la tête et lui fit un sourire, non pas de condescendance comme on en inflige trop souvent aux enfants, mais d'encouragement.

«Quand tu auras écrit ce livre, lui répondit-elle, apporte-le à la bibliothèque et nous le mettrons sur le présentoir, ici sur le comptoir.»

La petite fille promit qu'elle le ferait.

À mesure qu'elle grandissait, son rêve prenait de l'importance. Elle décrocha son premier emploi au journal local, où elle écrivait de courts profils de personnalités qui lui rapportaient un peu d'argent. Mais l'argent avait moins d'importance que la magie de voir ses mots imprimés sur le papier.

On était pourtant encore loin de la rédaction d'un livre.

Elle travailla à la publication du journal de son école secondaire, se maria et fonda une famille, mais la piqûre de l'écriture la tenaillait toujours. Elle obtint un emploi à temps partiel où elle recueillait les nouvelles du milieu scolaire pour un hebdomadaire. Elle pouvait ainsi s'occuper l'esprit tout en berçant ses enfants.

Mais de livre, point.

Elle trouva du travail auprès d'un important quotidien. Elle se fit même la main dans des magazines.

Mais de livre, toujours pas.

Finalement, croyant qu'elle avait quelque chose à dire, elle se mit à écrire un livre. Elle le fit parvenir à deux éditeurs, qui le rejetèrent. Déçue, elle le mit de côté. Plusieurs années plus tard, son rêve de jeunesse revint la hanter avec toujours plus d'insistance. Elle trouva un agent et écrivit un autre livre. Elle sortit le premier des oubliettes, et peu après vendit ses deux ouvrages.

Toutefois, le monde du livre bouge plus lentement que celui des quotidiens et elle attendit deux longues années. Le jour où arriva à sa porte le colis contenant les exemplaires gratuits remis aux auteurs, elle l'ouvrit avec empressement et pleura. Elle avait attendu si longtemps avant de tenir son rêve entre ses mains.

Elle se rappela alors l'invitation de la bibliothécaire, ainsi que sa promesse.

Bien entendu, cette bibliothécaire était morte depuis longtemps et la bibliothèque avait été rasée pour faire place à un bâtiment plus vaste.

La femme téléphona et obtint le nom de la bibliothé- caire principale. Elle lui écrivit une lettre lui disant à quel point les paroles de la bibliothécaire de son enfance avaient signifié beaucoup pour elle. Elle serait de pas- sage dans la ville pour la réunion des anciens marquant le 30e anniversaire de la fin de leurs études secondaires. Elle demandait si elle pouvait apporter ses deux livres et en faire don à la bibliothèque. Cela signifierait tellement pour la fillette de 10 ans qu'elle avait été et ce serait une bonne façon de rendre hommage à tous les bibliothécai- res ayant témoigné de l'encouragement à un enfant.

La bibliothécaire l'appela et lui dit: «Venez.» C'est ce qu'elle fit, un exemplaire de chacun de ses livres en main.

Elle découvrit la grande bibliothèque neuve en face de sa vieille école secondaire, directement opposée au local où elle s'était échinée à l'algèbre, se lamentant sur la nécessité de cette matière totalement inutile pour les écrivains, et à proximité de la butte où se trouvait sa mai- son autrefois. Le voisinage avait été soumis au pic des démolisseurs pour faire place à un centre communau- taire et à cette bibliothèque dont elle s'approchait.

À l'intérieur, la bibliothécaire l'accueillit chaleureuse- ment. Elle la présenta à un reporter du journal local — journal qui avait remplacé celui où elle avait sollicité la chance d'écrire, longtemps auparavant.

Puis, elle présenta ses livres à la bibliothécaire qui les plaça sur le comptoir avec une note explicative. Des larmes coulèrent sur les joues de l'auteure.

Elle embrassa la bibliothécaire et partit, après un arrêt à l'extérieur, le temps d'une photo, comme preuve que les rêves deviennent réalité et que les promesses peuvent être tenues. Même si c'est au bout de 38 ans.

La fillette de 10 ans devenue écrivaine posa devant l'enseigne de la bibliothèque, à côté du babillard où l'on pouvait lire:

HEUREUX RETOUR,
JANN MITCHELL

Jann Mitchell

Premier succès d'un vendeur

Éloignez-vous de ceux qui tentent de rabaisser vos ambitions. C'est ce que font toujours les médiocres, mais les gens qui comptent vraiment vous font sentir que vous aussi pouvez devenir quelqu'un.

Mark Twain

Je me dépêchais de rentrer ce samedi après-midi d'automne, comptant mener à bien certaines tâches d'entretien qui ne pouvaient attendre. Pendant que je ratissais les feuilles, mon fils de cinq ans, Nick, s'approcha et tira sur mon pantalon. «Papa, me dit-il, j'aurais besoin que tu me fasses une affiche.

«Pas maintenant, Nick, je suis très occupé», lui répondis-je.

«Mais j'ai besoin de cette affiche», insista-t-il.

«Et pourquoi donc, Nick», lui demandai-je.

«J'ai l'intention de vendre quelques-uns de mes cailloux», répondit-il.

Nick a toujours été fasciné par les pierres et les cailloux. Il en collectionne de partout et les gens lui en apportent. Il y en a un plein panier dans le garage et Nick les nettoie régulièrement, les trie puis les remet en place. Ce sont ses trésors. «Je n'ai pas le temps de me lancer dans ce genre de travail maintenant, Nick. Il faut que je ratisse ces feuilles, lui dis-je. Demande à maman de te donner un coup de main.»

Un peu plus tard, Nick revint avec une feuille de papier. On pouvait y lire, de son écriture de bambin de cinq ans: «À vendre, 1,00 $». Sa maman l'avait aidé à faire son affiche, et il était maintenant lancé en affaires. Il prit son affiche, un petit panier et quatre de ses plus belles roches, et se dirigea jusqu'à l'extrémité de notre entrée de garage. Une fois là, il disposa ses pierres en ligne, plaça le panier derrière elles et s'assit par terre. Je l'observais à distance, amusé de sa détermination.

Au bout d'environ une demi-heure, personne n'était encore passé. Je m'avançai vers lui pour voir comment il allait. «Comment ça se passe, Nick», lui demandai-je.

«Bien», répondit-il.

«C'est pourquoi le panier?» lui demandai-je.

«C'est pour y mettre mon argent», dit-il d'un air entendu.

«Combien les vends-tu, tes cailloux?»

«Un dollar chacun», répondit Nick.

«Nick, personne ne va te donner un dollar pour une pierre.»

«Oui, c'est ce qu'on va m'en donner!»

«Nick, il n'y a pas assez de circulation sur notre rue pour que les gens voient tes pierres. Pourquoi ne les ranges-tu pas dans le garage et ne vas-tu pas jouer?»

«Oui, papa, il y a assez de monde. Les gens passent à pied et à bicyclette sur notre rue pour faire de l'exercice et certaines personnes passent en voiture pour regarder les maisons. Il y a assez de monde.»

N'ayant pas réussi à convaincre Nick de la futilité de ses efforts, je revins à mes feuilles. Patiemment, il demeurait à son poste. Peu de temps après, une mini-fourgonnette passa dans la rue. J'observai Nick se relever en tendant son affiche en direction de la fourgonnette.

Comme elle passait lentement, je vis un jeune couple tendre le cou pour lire l'affiche. Ils poursuivirent leur route jusqu'au bout de l'impasse, puis revinrent vers Nick. La jeune femme baissa la vitre de sa portière. Je ne pouvais entendre ce qu'ils se disaient, mais elle se tourna vers l'homme au volant et je pus le voir tendre la main vers son portefeuille! Il remit un dollar à sa compagne et elle sortit de la fourgonnette pour se diriger vers Nick. Après avoir examiné les pierres, elle en choisit une, remit un dollar à Nick, puis elle repartit.

Je m'assis par terre, amusé, comme Nick accourait. Exhibant fièrement son dollar, il me cria: «Je te l'avais bien dit que je pouvais avoir un dollar pour un caillou — quand on croit en soi, on peut réaliser n'importe quoi.» J'allai chercher mon appareil et pris une photo de Nick et de son affiche. Ce petit bonhomme s'était entêté dans sa conviction et était fier de montrer ce qu'il pouvait faire. Ce fut pour moi une bonne leçon sur la manière dont il ne faut pas élever les enfants, mais nous en avons tous retiré quelque chose et nous en reparlons même encore aujourd'hui.

Plus tard, ce jour-là, ma femme, Toni, Nick et moi allâmes dîner au restaurant. Chemin faisant, Nick nous demanda s'il pouvait recevoir une allocation. Sa mère lui expliqua qu'une allocation, ça se gagnait et qu'il nous faudrait déterminer quelles seraient ses responsabilités. «C'est d'accord, dit Nick. Combien j'aurai?

«À cinq ans, que penses-tu d'un dollar par semaine?» dit Toni.

De la banquette arrière, on entendit: «Un dollar par semaine, je peux faire ça en vendant un caillou!»

Rob, Toni et Nick Harris

Promenons-nous à nouveau dans le jardin

C'est l'une des plus belles compensations de la vie qu'aucun homme ne puisse sincèrement tenter d'en aider un autre sans s'aider lui-même.

Ralph Waldo Emerson

Je suis conférencier et j'enseigne à mes compatriotes canadiens des façons imaginatives d'acheter de l'immobilier. L'un de mes premiers diplômés, un policier nommé Roy, mit à profit mes idées de la façon la plus touchante.

L'histoire commence des années avant que Roy n'assiste à mes cours. Lors de ses rondes de routine, il avait coutume de rendre visite à un vieil homme qui vivait dans une splendide villa de quelques 500 mètres carrés surplombant un ravin. Le vieil homme avait vécu là presque toute sa vie et il adorait la vue, les nombreux arbres à maturité et le ruisseau.

Lorsque Roy allait s'assurer que tout allait bien chez le vieil homme, une ou deux fois par semaine, celui-ci lui offrait du thé et ils s'asseyaient pour bavarder ou déambulaient quelques minutes dans le jardin. L'une de ces visites fut triste. Le vieil homme, en larmes, avoua que sa santé périclitait et qu'il devait se résoudre à vendre sa splendide propriété et à déménager dans une maison d'hébergement pour personnes âgées.

À cette époque, Roy avait déjà suivi mes cours et l'idée saugrenue lui vint qu'il pourrait mettre à profit la créativité acquise pour imaginer une façon d'acquérir la résidence.

L'homme voulait obtenir 300 000 $ pour sa maison, qui n'était liée par aucune hypothèque. Roy n'avait que 3 000 $ d'économies. Il payait un loyer mensuel de 500 $ à cette époque et recevait un salaire raisonnable de policier. Il semblait impossible d'élaborer un plan permettant d'en arriver à un accord entre l'homme et ce policier plein d'espoir, impossible tant qu'on n'a pas tenu compte du pouvoir de l'amour.

Roy se souvenait de ce qu'il avait entendu lors de mes leçons — découvrir ce que le vendeur désire réellement et le lui donner. Après avoir examiné la situation sous tous les angles, Roy trouva la solution. Ce qui manquerait le plus à l'homme serait de se promener dans son jardin.

Roy lui lança: «Si vous acceptez de me vendre votre maison, d'une façon ou d'une autre, je vous promets de passer vous prendre un ou deux dimanches par mois et de vous ramener ici dans votre jardin pour que vous puissiez vous y asseoir et vous y promener à loisir avec moi, comme dans le bon vieux temps.»

Le vieil homme sourit d'enchantement et de bonheur. Il dit à Roy de lui présenter par écrit l'offre qu'il estimait être raisonnable et qu'il l'accepterait sur-le-champ. Roy offrit le maximum que lui permettaient ses ressources. Le prix d'achat était de 300 000 $. La mise initiale fut fixée à 3 000 $. Le vendeur prit une première hypothèque de 297 000 $ portant intérêt à 500 $ par mois. Le vieil homme était tellement heureux qu'il fit don à Roy de tout le mobilier antique de la maison, y compris un petit piano à queue.

Tout heureux que fût Roy de son incroyable succès financier, le vrai gagnant fut le vieil homme et la relation qui unissait les deux hommes.

Raymond L. Aaron

L'histoire du cow-boy

Lorsque j'ai lancé mon entreprise de télécommunications, je savais que j'aurais besoin de vendeurs pour assurer la croissance de mon chiffre d'affaires. Je fis savoir que j'étais à la recherche de vendeurs compétents et me mis à faire des entrevues. Le vendeur que j'avais en tête devait avoir de l'expérience en télémarketing de l'industrie des communications ainsi qu'une bonne connaissance du marché local, il devait connaître les différents types de systèmes offerts, avoir une attitude professionnelle et de l'initiative. Je n'avais pas beaucoup de temps à consacrer à la formation d'un débutant; il fallait donc que la personne que j'embauche puisse dès le début voler de ses propres ailes.

Pendant l'épuisant processus des entrevues de candidats, un cow-boy se présenta à mon bureau. Je savais que c'était un cow-boy à la façon dont il était vêtu. Il portait un pantalon de velours côtelé, un veston dépareillé du même tissu, une chemise à manches courtes à boutons-pression, une cravate qui lui arrivait à mi-poitrine avec un nœud plus gros que mon poing, des bottes de cow-boy et une casquette de baseball. Vous pouvez vous imaginer ce que je me disais: «Hum... Ce n'est pas vraiment le type de vendeur que j'avais en tête pour ma nouvelle entreprise.» Il s'assit en face de mon bureau, enleva sa casquette et dit: «Monsieur, ch's'rais ben heureux d'avoir la chance de réussir en "afféres dans les téléphônes".» Et c'est vraiment ainsi qu'il le dit: *réussir en afféres dans les téléphônes*.

J'étais en train de me demander comment faire savoir à cet individu, sans être trop abrupt, qu'il ne faisait pas vraiment l'affaire. Je lui demandai quels étaient ses antécédents. Il me dit qu'il avait un diplôme en agriculture de l'université Oklahoma State et qu'il avait été employé dans un ranch à Bartlesville, en Oklahoma, pendant les derniers étés. Il m'annonça qu'il en avait assez de ce genre de travail et qu'il était prêt à réussir en «afféres», qu'il «s'rait ben heureux d'en avoir la chance».

Nous continuâmes à parler. Il était tellement convaincu de son succès si on lui laissait sa chance que je décidai de la lui donner. Je lui dis que je lui consacrerais deux jours. Pendant ces deux jours, je lui enseignerais tout ce qu'il fallait savoir pour vendre un type de système téléphonique de format réduit. Au bout de ces deux jours, il devait pouvoir être autonome. Il me demanda combien d'argent je croyais qu'il pouvait gagner.

Je lui dis: «À votre allure et avec vos connaissances, le mieux que vous puissiez faire, c'est environ 1 000 $ par mois.» Je poursuivis en lui expliquant que la moyenne de commissions pour les petits systèmes téléphoniques qu'il allait vendre était d'environ 250 $ par système vendu. Je lui dis que s'il rencontrait 100 clients éventuels par mois, quatre d'entre eux lui achèteraient un système téléphonique. La vente de quatre systèmes lui rapporterait 1 000 $. Je l'embauchai donc à commission, sans salaire de base.

Il me dit que l'offre lui semblait sensationnelle, vu qu'il n'avait jamais gagné plus de 400 $ par mois comme employé de ranch et qu'il avait envie de faire de l'argent. Le lendemain matin, je le fis asseoir pour enseigner toutes les ficelles de la téléphonie à ce cow-boy de 22 ans, sans expérience aucune de la vente. Il avait l'air de tout sauf d'un vendeur en télécommunications. En fait, il n'avait aucune des qualités que je recherchais chez un employé, sauf une: il avait une foi inébranlable dans sa réussite.

Au bout de deux jours de formation, Cow-boy (c'est ainsi que je le surnommai, et que je l'appelle encore aujourd'hui) alla dans son bureau, prit une feuille de papier et y écrivit quatre phrases:

1. J'aurai du succès en affaires.
2. Je vais rencontrer 100 personnes par mois.
3. Je vais vendre quatre systèmes téléphoniques par mois.
4. Je vais gagner 1 000 $ par mois.

Il plaça cette feuille de papier sur le mur de son bureau, devant lui, et commença son travail.

Une fois le premier mois écoulé, il ne s'était pas contenté de vendre quatre systèmes téléphoniques. Dès les premiers 10 jours, il en avait déjà vendu *sept*.

À la fin de la première année, Cow-boy n'avait pas seulement fait 12 000 $ en commissions. Il avait gagné au-delà de 60 000 $.

Il était étonnant. Un jour, il pénétra dans mon bureau avec en main un contrat et le paiement pour un système téléphonique. Je lui demandai comment il avait réussi à vendre celui-là. Il me répondit: «J'ai dit à la cliente: "Madame, même si ça ne fait rien d'autre que sonner et que vous répondez, il est ben plus beau que celui que vous avez." Et elle l'a acheté.»

La dame lui avait fait un paiement complet par chèque pour le système téléphonique, mais Cow-boy n'était pas certain que j'accepterais le chèque. Il avait donc conduit la dame jusqu'à la banque pour qu'elle puisse lui payer en argent tout le système. Il apporta les billets de 1 000 $ dans mon bureau et me dit: «Larry, est-ce que j'ai bien fait?» Je lui assurai que tout était pour le mieux!

Au bout de trois ans, il possédait la moitié de ma compagnie. À la fin de l'année suivante, il était propriétaire de trois autres entreprises. C'est à ce moment-là que nous avons mis fin à notre association. Il conduisait une camionnette noire de 32 000 $. Il portait des complets western de 600 $, des bottes de cow-boy de 500 $ et une bague à diamants de trois carats en forme de fer à cheval. Il avait réussi en affaires.

À quoi Cow-boy devait-il son succès? À son travail acharné? Cela n'avait pas nui. Était-ce parce qu'il était plus brillant que quiconque? Non. Il ne savait rien des systèmes téléphoniques à ses débuts. Alors quoi? Je crois que c'est parce qu'il connaissait les **Règles d'or du succès**:

Il était convaincu de sa réussite. Il savait ce qu'il voulait et prenait les moyens pour y arriver.

Il prenait ses responsabilités. Il avait pris la responsabilité de ce qu'il était (un employé de ranch) et de là où il était. Et il se mit à l'*œuvre* pour changer.

Il avait pris la décision de quitter le ranch de Bartlesville, en Oklahoma, et de rechercher les possibilités de réussite.

Il avait changé. Il n'était pas possible pour lui de continuer à faire ce qu'il avait fait jusque-là et de s'attendre à des résultats différents. Et il était résolu à faire ce qu'il fallait pour que le succès lui sourie.

Il avait une vision et des objectifs. Il se voyait réussir. Il avait également couché sur papier ses buts précis. Il écrivit les quatre objectifs qu'il entendait atteindre et les fixa sur le mur devant lui. Il les apercevait tous les jours et se consacrait à les réaliser.

Il mettait ses objectifs à exécution et s'entêtait même quand ça n'allait pas. Tout n'avait pas toujours été facile pour lui. Il avait connu des embûches comme tout le monde. Plus que tous les autres vendeurs que j'ai connus, il s'était fait fermer la porte ou raccrocher au nez. Mais cela ne l'arrêta jamais. Il poursuivit toujours ses efforts.

Il osait demander. C'est inouï ce qu'il pouvait demander! Il m'avait d'abord demandé sa chance, puis il commença à demander à presque tous ceux qu'il rencontrait s'ils voulaient lui acheter un système téléphonique. Et ses demandes portèrent fruit. Comme il aimait à le dire: «Même un cochon aveugle trouve un gland de temps à autre.» Cela signifie qu'à force de demander, il se trouve quelqu'un qui finit par dire oui.

Il se souciait des autres. Il se souciait de moi et de ses clients. Il découvrit que lorsqu'il se préoccupait plus de ses clients que de ses intérêts, il ne fallait pas longtemps avant qu'il n'ait plus à s'inquiéter pour lui-même.

Par-dessus tout, **Cow-boy partait à l'assaut de chaque journée d'un pas de gagnant!** Lorsqu'il frappait à une porte, il était convaincu qu'il en résulterait quelque chose de bien. Il était certain que les choses allaient se dérouler selon son désir, peu importe ce qui se passait. Il ne s'attendait jamais à rater son coup, seulement à réussir. Et j'ai découvert que lorsque vous attendez le succès, c'est toujours ce que vous obtenez.

Cow-boy a fait des millions. Il a également tout perdu, mais seulement pour tout retrouver. Nous avons tous deux découvert que dans la vie, une fois que vous connaissez et mettez en pratique les principes du succès, vous pouvez constamment y recourir en toute confiance.

Cow-boy peut également être une source d'inspiration pour vous. Il est la preuve que ce n'est pas l'environnement, l'instruction ou les aptitudes techniques et la capacité qui font votre réussite. Il démontre qu'il faut davantage: il faut les principes que nous négligeons si souvent ou que nous tenons pour acquis. Ces principes sont les **Règles d'or de la réussite.**

Larry Winget

Pourquoi attendre?...
Faites-le!

La grande question, c'est de savoir si vous serez capable de dire oui à votre destin.

Joseph Campbell

Mon père m'a déjà dit que Dieu devait sûrement avoir ses raisons pour m'avoir fait tel que je suis aujourd'hui. Je commence à croire qu'il disait vrai.

J'étais de ces enfants à qui tout sourit toujours. J'ai grandi à Laguna Beach, en Californie, et j'aimais le surf et les sports. Mais à l'époque où la plupart des enfants de mon âge ne pensaient qu'à la télé et à la plage, j'ai commencé à envisager des moyens de devenir plus indépendant, de voir le pays et de planifier mon avenir.

J'ai commencé à travailler à l'âge de 10 ans. Quand j'ai eu 15 ans, j'avais entre un et trois emplois après l'école. Je me suis fait assez d'argent pour m'acheter une motocyclette. Je n'avais pas alors le moindre rudiment de la conduite d'une moto. Mais après avoir payé cette moto comptant et souscrit une assurance tous risques pour un an, je me rendis sur des terrains de stationnement pour apprendre à conduire. Après une quinzaine de minutes à tracer des huit, je rentrai chez moi. J'avais quinze ans et demi, je venais de recevoir mon permis de conduire et je m'étais acheté une moto neuve. La moto allait changer ma vie.

Je n'étais pas un de ces motocyclistes du dimanche. J'adorais faire de la moto. Chaque jour, au moindre moment libre, dès que j'en avais l'occasion, j'enfourchais ma moto et faisais en moyenne 150 km par jour. Les couchers et levers de soleil me paraissaient plus grandioses lorsque je les contemplais sur une route sinueuse en montagne. Encore aujourd'hui, je me ferme les yeux et je peux encore revivre au fond de moi la sensation de faire de la moto, d'une façon tellement naturelle que cette impression est encore plus vivace que celle de marcher. Lorsque j'allais en moto, le vent frais me donnait un sentiment de relaxation totale. Quand j'allais sur les routes à la découverte d'une région, au-dedans de moi je rêvais à ce que je voulais faire de ma vie.

Deux ans et cinq motos plus tard, j'avais parcouru toutes les routes de Californie. Chaque soir, je lisais des revues de moto et, un soir, une annonce de motocyclettes BMW attira mon attention. Elle montrait une moto couverte de boue, à l'arrière de laquelle on voyait un sac de campeur; elle était garée sur le bas-côté d'un chemin de terre devant un grand panneau où était inscrit «Bienvenue en Alaska». Un an plus tard, je prenais en photo ma motocyclette, encore plus couverte de boue, devant exactement le même panneau. Eh oui! C'était bien moi. À 17 ans, je m'étais rendu jusqu'en Alaska sur ma moto, avalant plus de 1 600 kilomètres de route en terre.

Avant mon départ pour mon périple de 27 000 kilomètres, à camper pendant sept semaines, mes amis déclarèrent que j'étais fou. Mes parents me conseillèrent d'attendre. Fou? Attendre? Pourquoi? Depuis ma plus tendre enfance, je rêvais de traverser l'Amérique en moto. Un fort sentiment m'animait: c'était maintenant ou jamais. Et puis, quand est-ce que j'aurais le temps? Je venais de décrocher une bourse qui me permettait d'entreprendre bientôt des études universitaires. Après, ce serait la carrière et, peut-être un jour, une famille. Je ne savais pas si c'était seulement pour ma satisfaction personnelle ou si, en mon for intérieur, je sentais que ce voyage ferait de moi un homme. Ce que je savais, par contre, c'est que cet été-là je partais pour l'aventure de ma vie.

Je laissai tous mes emplois et comme je n'avais que 17 ans, ma mère m'écrivit une lettre indiquant que j'avais sa permission d'effectuer ce voyage. Avec 1 400 $ en poche, deux sacs de campeur, une boîte à chaussures remplie de cartes routières sanglée à l'arrière de ma moto, une lampe de poche miniature et un enthousiasme débordant, je partis pour l'Alaska et la côte Est.

Je rencontrais une foule de gens, me délectais de la nature et d'un mode de vie rustique, me faisais la cuisine sur un feu de bois et remerciais Dieu chaque jour de m'avoir donné cette chance. Parfois je ne voyais ni n'entendais personne pendant deux ou trois jours, ne faisant que conduire ma moto dans un silence sans fin, le vent seul sifflant autour de mon casque. Je ne me coupais plus les cheveux, je prenais des douches froides dans les terrains de camping quand je le pouvais, et je fis même quelques rencontres inattendues avec des ours au cours du voyage. C'était le summum de l'aventure!

Même si j'ai fait depuis beaucoup d'autres voyages, rien ne peut se comparer à cet été-là. Il a toujours occupé une place spéciale dans ma vie. Je ne pourrai jamais retourner explorer ces routes et ces montagnes, les forêts et les eaux glaciales de la même façon que je le fis au cours de ce voyage, seul sur ma moto. Je ne pourrai plus jamais entreprendre ce voyage de la même façon parce qu'à 23 ans, j'ai été victime d'un accident de moto sur une rue de Laguna Beach: j'ai été happé par un revendeur de drogues ivre au volant de sa voiture. J'en suis resté paralysé du thorax jusqu'aux pieds.

Au moment de l'accident, j'étais en grande forme, tant physique que mentale. J'occupais une emploi de policier à temps plein et je conduisais toujours ma moto durant mes jours de congé. Je m'étais marié et jouissais d'une sécurité financière. J'avais réussi. Mais en moins d'une seconde, ma vie entière bascula. Je fis un séjour de huit mois à l'hôpital, je divorçai, puis je compris que je ne pourrais pas reprendre mon travail de la façon dont je l'avais connu et, tout en apprenant à supporter la douleur chronique et ma chaise roulante, je vis s'estomper tous les rêves que j'avais formés pour mon avenir. Heureusement pour moi, grâce à l'aide et au soutien qu'on m'apporta, je pus imaginer d'autres rêves et les réaliser.

Lorsque je repense à tous ces voyages, à toutes les routes que j'ai parcourues, je crois que j'ai eu de la chance de pouvoir faire ce que j'ai fait. Chaque fois que j'étais à moto, je me disais: «Fais-le maintenant. Regarde autour de toi, même s'il s'agit d'une banale intersection dans une ville polluée; jouis de la vie parce que tu n'auras jamais une autre occasion d'être au même endroit ou de faire les mêmes choses.»

Après mon accident, mon père m'a dit que Dieu devait avoir une raison de m'avoir rendu paraplégique. Je le crois aussi. Mon infirmité m'a permis de devenir plus fort. J'ai repris mon travail de policier, derrière un bureau, je me suis acheté une maison et me suis remarié. Je travaille également à mon compte comme expert-conseil et donne des conférences. De temps à autre, lorsque je traverse une mauvaise passe, je repense à toutes les choses que j'ai accomplies, à toutes celles qu'il me reste à faire et aux paroles de mon père.

Oui, il avait dit vrai. Dieu avait sûrement une raison. Mais ce qui est le plus important, je me rappelle d'apprécier chaque instant de chaque jour. Si vous pouvez faire quelque chose, faites-le. Faites-le maintenant!

Glenn McIntyre

7

SAVOIR VAINCRE LES OBSTACLES

*L'extraordinaire richesse de l'expérience humaine
y perdrait de sa joie gratifiante
s'il n'y avait pas de limites à dépasser.
Les sommets atteints ne seraient pas aussi exaltants
sans les tristes vallées à traverser.*

Helen Keller

Matière à réflexion

L'effort ne porte pleinement sa récompense que lorsqu'on a refusé d'abandonner.

Napoleon Hill

L'Histoire démontre que les plus grands gagnants se sont généralement heurtés à de douloureux obstacles avant de triompher. Ils ont gagné parce qu'ils ont refusé de se laisser décourager par leurs échecs.

B.C. Forbes

Voici matière à réflexion:

- Woody Allen, auteur, producteur et metteur en scène ayant obtenu plusieurs Oscars, a échoué en production cinématographique à l'Université de New York et au City College de New York. Il a aussi échoué en anglais à l'Université de New York.

- Leon Uris, auteur du best-seller *Exodus*, a été recalé trois fois à l'examen d'anglais au secondaire.

- Quand Lucille Ball a entrepris des études pour devenir actrice en 1927, elle s'est fait dire par un professeur de la John Murray Anderson Drama School: «Vous feriez mieux d'essayer autre chose. N'importe quoi d'autre.»

- En 1959, un cadre de la Universal Pictures a congédié en même temps Clint Eastwood et Burt Reynolds. À ce dernier, il a dit: «Vous n'avez aucun talent» et, à Clint Eastwood: «Vous avez une dent ébréchée, votre pomme d'Adam est trop proéminente et vous parlez trop lentement.» Or, on sait que Burt Reynolds et Clint Eastwood sont devenus de grandes vedettes de cinéma.

- En 1944, Emmeline Snively, directrice de la Blue Book Modeling Agency, a dit à une jeune fille qui aspirait à devenir mannequin, Norma Jean Baker (Marilyn Monroe): «Allez plutôt étudier le secrétariat, ou alors mariez-vous.»

- Liv Ullman, deux fois mise en nomination pour l'Oscar décerné à la meilleure actrice, a raté une audition à l'école nationale de théâtre de la Norvège. Les juges lui ont dit qu'elle n'avait aucun talent.

- Malcolm Forbes, qui fut rédacteur en chef du magazine *Forbes*, l'un des plus prestigieux magazines d'affaires au monde, n'avait pas réussi à se faire engager dans l'équipe de rédaction du journal étudiant lorsqu'il fréquentait Princeton University.

- En 1962, quatre jeunes musiciens quelque peu nerveux passaient leur première audition pour un enregistrement devant les patrons de la Decca Recording Company. Ceux-ci ne furent pas impressionnés et l'un d'eux dit, pour justifier leur refus de ce groupe rock britannique appelé les Beatles: «Nous n'aimons pas leur musique. Les groupes de guitaristes sont passés de mode.»

- Paul Cohen, directeur artistique pour Decca Records, à Nashville, a dit de Buddy Holly, en le rayant de l'étiquette Decca en 1956: «Jamais je n'ai travaillé avec quelqu'un qui a aussi peu de talent.» Vingt ans plus tard, le magazine *Rolling Stone* disait de Holly, tout comme de Chuck Berry, qu'ils avaient été «la plus grande influence des années soixante sur la musique rock.»

- En 1954, Jimmy Denny, responsable du Grand Ole Opry, a congédié Elvis Presley après une seule représentation, avec le commentaire suivant: «T'as aucune chance, mon gars. Retourne donc conduire un camion.» Elvis Presley est par la suite devenu le chanteur le plus populaire des États-Unis.

- Lorsque Alexander Graham Bell a inventé le téléphone en 1876, la sonnerie n'a pas retenti sans interruption d'appels provenant d'éventuels bailleurs de fonds. Après avoir assisté à la démonstration d'une communication téléphonique, le président Rutherford Hayes a lancé: «C'est une invention étonnante, mais qui donc pourrait avoir envie de s'en servir?»

- Thomas Edison a sans doute été le plus grand inventeur dans l'histoire des États-Unis. Pourtant, lorsqu'il a commencé l'école à Port Huron, au Michigan, ses enseignants se plaignaient qu'il était «trop lent» et qu'il avait un tempérament difficile. Sa mère a alors décidé de le retirer de l'école et de lui donner des leçons à la maison. Fasciné par les sciences, le jeune Edison avait déjà installé son premier laboratoire de chimie à l'âge de dix ans. L'énergie inépuisable d'Edison et son génie (qui, selon lui, correspondait à «1 p. 100 d'inspiration et 99 p. 100 de transpiration») ont donné lieu, au cours de sa vie, à plus de 1 300 inventions.

- Lorsque Thomas Edison a inventé l'ampoule électrique, il a procédé à plus de 2 000 essais avant d'arriver à ses fins. À un jeune journaliste qui lui demandait comment il se sentait d'avoir échoué aussi souvent, il a répondu: «Je n'ai jamais échoué. J'ai inventé l'ampoule électrique, et ce fut tout simplement un processus en 2 000 étapes.»

- Dans les années 1940, un autre jeune inventeur du nom de Chester Carlson a soumis son idée à vingt entreprises, dont certaines des plus importantes aux États-Unis. Partout il a essuyé des refus. Mais en 1947, après sept longues années d'insuccès, il a enfin trouvé une toute petite entreprise à Rochester, dans l'État de New York, prête à acheter les droits de son procédé de photocopie sur papier électrostatique. Cette compagnie, qui s'appelait alors Haloid, est devenue Xerox Corporation, et tant elle que Carlson ont fait fortune.

- John Milton est devenu aveugle à l'âge de 44 ans. Seize ans plus tard, il a écrit le classique *Paradis perdu*.

- Lorsque Pablo Casals a eu 95 ans, un jeune journaliste lui a demandé: «M. Casals, vous avez 95 ans et vous êtes le plus grand violoncelliste de tous les temps. Pourquoi vous exercez-vous encore six heures par jour?» Et Pablo Casals de répondre: «Parce que j'ai l'impression que je fais des progrès.»

- Après une perte d'ouïe progressive au cours des années, le compositeur allemand Ludwig van Beethoven est devenu complètement sourd à l'âge de 46 ans. C'est pourtant dans les dernières années de sa vie qu'il a composé sa plus belle musique, dont cinq symphonies.

- Après avoir perdu les deux jambes dans un écrasement d'avion, le jeune pilote de combat britannique Douglas Bader a rejoint la British Royal Air Force avec deux membres artificiels. Au cours de la Seconde Guerre mondiale, il a été capturé trois fois par les Allemands et, les trois fois, il s'est évadé.

- Amputé d'une jambe à la suite d'un cancer, le jeune Canadien Terry Fox s'est engagé à courir d'un bout à l'autre du Canada avec une seule jambe dans le but de recueillir un million de dollars au profit de la recherche sur le cancer. Il a été forcé d'abandonner à mi-chemin quand le cancer s'est attaqué à ses poumons, mais la fondation qu'il avait créée a récolté plus de vingt millions de dollars.

- Wilma Rudolph était la vingtième d'une famille de vingt-deux enfants. Née prématurément, ses chances de survie étaient minces. Atteinte d'une pneumonie double et de la scarlatine à l'âge de quatre ans, elle est demeurée paralysée de la jambe gauche. À neuf ans, elle s'est mise à marcher sans l'appareil orthopédique qu'elle portait depuis. À 13 ans, elle avait une démarche saccadée, que les médecins qualifiaient de miraculeuse. La même année, elle a décidé de faire de la course à pied. Elle a donc participé à une épreuve, et est arrivée dernière. Pendant les quelques années qui ont suivi, elle est arrivée dernière dans toutes les courses auxquelles elle a participé. Tout le monde avait beau lui dire d'abandonner, elle s'obstinait. Un jour, elle a gagné une course, puis une autre. À partir de ce moment-là, elle les a toutes gagnées. Par la suite, cette petite fille à qui on avait dit qu'elle ne marcherait plus a remporté trois médailles d'or olympiques.

> *Ma mère m'a appris très tôt à croire que je pouvais relever tous les défis. Le premier a été de marcher sans mon appareil orthopédique.*
>
> Wilma Rudolph

- Franklin D. Roosevelt a été atteint de poliomyélite à l'âge de 39 ans, ce qui ne l'a pas empêché de devenir l'un des chefs politiques américains les plus aimés et les plus influents. On l'a élu quatre fois président des États-Unis.

- Sarah Bernhardt, souvent considérée comme l'une des plus grandes actrices de tous les temps, a dû se faire amputer une jambe à la suite d'une blessure à l'âge de

70 ans. Elle a néanmoins poursuivi sa carrière pendant huit ans.

- Louis L'Amour, auteur à succès de plus d'une centaine de romans-western tirés à plus de 200 millions d'exemplaires, a subi 350 refus avant de réussir sa première vente. Plus tard, il a été le premier romancier américain à recevoir une médaille d'or spéciale du Congrès en reconnaissance de sa remarquable carrière et de sa contribution au bien de la nation par ses ouvrages inspirés de l'histoire.

- En 1953, Julia Child et deux collaborateurs ont signé un contrat d'édition pour la rédaction d'un livre provisoirement intitulé *French Cooking for the American Kitchen* (Cuisine française pour les Américains). Après cinq années de travail, leur manuscrit de 850 pages a été refusé par l'éditeur. Ils ont consacré une autre année au remaniement du texte qui a cependant été refusé une deuxième fois. Mais Julia Child n'a pas abandonné pour autant. Ses collaborateurs et elle se sont remis à la tâche, ont trouvé un nouvel éditeur et, en 1961, soit huit ans après le début du projet, leur ouvrage intitulé *Mastering the Art of French Cooking* (Maîtriser l'art de la cuisine française) voyait le jour. On en a vendu plus d'un million d'exemplaires. En 1966, Julia Child faisait la page couverture du magazine *Time*. Trente ans plus tard, elle demeure une sommité dans son domaine.

- Sans la persévérance, le général Douglas MacArthur n'aurait peut-être jamais connu le pouvoir et la notoriété. Quand il a voulu s'inscrire à l'école militaire de West Point, on l'a refusé non seulement une, mais deux fois. Il fut enfin accepté à la troisième tentative, et il est entré dans l'Histoire.

- Au début de la *Blackhawk War* (la guerre du Faucon-Noir), Abraham Lincoln était capitaine. À la fin, on l'avait rétrogradé au rang de simple soldat.

- En 1952, Edmund Hillary a tenté sans succès d'escalader le mont Everest, la plus haute montagne alors connue (8 882 mètres). Quelques semaines après son essai infructueux, on l'a invité à prononcer une conférence en Angleterre. Hillary s'est avancé au bord de la scène puis, brandissant le poing en direction d'une photographie de la montagne il s'est écrié: «Mont Everest, tu m'a battu la première fois, mais la prochaine fois je t'aurai. Parce que toi tu as fini de grandir... mais pas moi!» Le 29 mai, à peine un an plus tard, Edmund Hillary était le premier homme à vaincre le mont Everest.

Jack Canfield

Trente-neuf petites années...

Pour moi, la pire des tragédies n'est pas de mourir jeune, mais de vivre jusqu'à 75 ans sans avoir pleinement vécu.

Martin Luther King

De 1929 à 1968, il n'y a que 39 petites années. C'est
  Trop court pour récolter les fruits de son labeur,
  Trop court pour consoler ses parents de la noyade
      de son frère,
  Trop court pour consoler son père quand
      la mère meurt,
  Trop court pour voir ses enfants terminer
      leurs études,
  Trop court pour connaître la joie d'être grand-père,
  Trop court pour connaître la retraite.
  Trente-neuf ans, c'est vraiment trop court.

De 1929 à 1968, il n'y a que 39 petites années, pourtant c'est
  Trop long pour se laisser paralyser par
      les menottes de la ségrégation et
      les chaînes de la discrimination,
  Trop long pour se laisser enliser dans
      le sable mouvant des injustices raciales,
  Trop long quand on reçoit des appels de menace,
      souvent au rythme de quarante par jour,
  Trop long pour vivre oppressé par
      les tensions continuelles.
  Trente-neuf ans, c'est beaucoup trop long.

De 1929 à 1968, il n'y a que 39 petites années, et pourtant
c'est

> Assez long.
> Assez long pour se rendre en Inde et étudier auprès
>> d'un grand maître l'art de traverser des foules
>> en colère sans perdre son calme.
> Assez long pour être pris en chasse par les chiens
>> policiers et fouetté par les jets d'eau des pompiers
>> parce qu'on dénonce le fait que la justice nous tient
>> à l'écart, soi-même et son frère. C'est assez long.
> Assez long pour passer des jours en prison parce qu'on
>> proteste contre le sort qui est fait à d'autres.
> Assez long pour qu'une bombe soit lancée
>> dans sa maison.
> Assez long pour apprendre à des hommes en colère
>> à rester calmes pendant qu'on prie pour
>> les terroristes.
> C'est assez long.

> C'est assez long pour mener quantité d'hommes
>> au christianisme.
> Assez long pour savoir qu'il vaut mieux faire la guerre
>> pour la justice que vivre en paix dans l'injustice.
> Assez long pour savoir que l'indifférence face aux
>> injustices est plus navrante que la haine et
>> le fanatisme.
> Assez long pour constater que l'injustice n'a pas de
>> cibles précises et que, tôt ou tard, des gens de
>> toutes races et de toutes croyances sont
>> cruellement pris dans ses filets.
> C'est assez long.

> Assez long pour savoir que la personne qui oppose une
>> résistance passive pour faire valoir ses droits civils
>> n'enfreint pas les lois de la constitution des
>> États-Unis d'Amérique. Elle cherche au contraire

à faire respecter le principe voulant que tous les
humains sont créés égaux; elle tente de faire
casser les ordonnances locales qui, elles, ont déjà
enfreint les lois de la constitution des États-Unis.
C'est assez long.

Assez long pour accepter les invitations à parler
    aux chefs de la nation.
Assez long pour s'adresser à des milliers de gens en
    des centaines d'occasions.
Assez long pour mener 200 000 personnes dans la
    capitale nationale afin de clamer que *tous et toutes*
    aux États-Unis ont hérité du droit à la vie, à la
    liberté et à la recherche du bonheur.

C'est assez long pour entrer à l'université à 15 ans.
Assez long pour terminer ses études et obtenir
    plusieurs diplômes.
Assez long pour recevoir des centaines de prix.
Assez long pour se marier et engendrer
    quatre enfants.
Assez long pour se faire le tambour-major de la paix.
Assez long pour recevoir un prix Nobel de la paix.
Assez long pour consacrer à la cause de la justice la
    bourse qui accompagne le prix.
Assez long pour monter jusqu'au sommet de la
    montagne. Assez long, assurément, pour avoir
    un rêve.

Quand on voit tout ce que Martin Luther King a
    accompli en 39 petites années, on comprend que
    c'est assez long pour un homme qui aime son pays
    à un point tel que la vie n'a aucune valeur si tous
    les hommes ne s'assoient pas à la même table en
    tant que frères. Trente-neuf années, c'est assez
    long — pour un homme qui chaque jour de sa vie

frôle consciemment la mort — parce que les peines et le chagrin qu'il s'épargne aujourd'hui sont des pas en arrière pour son frère demain.

En l'espace de trente-neuf ans, Martin a vécu pour plusieurs siècles, car son souvenir demeurera à jamais. Quelle merveille si nous pouvions tous en faire autant!

Martin, comme tous les autres, aurait sans doute aimé vivre longtemps.

Mais lorsqu'il considérait les faits, il disait: «Ce qui importe, ce n'est pas le temps que l'on vit, mais ce que l'on fait du temps qui nous est accordé.»

Alors, saluons et honorons la mémoire d'un homme qui a vécu dans les remous de l'injustice tout au long de ses 39 années, qui furent trop courtes, trop longues, assez longues —

«Parce qu'enfin il est libre.»

Willa Perrier

Des ennuis, toujours des ennuis!

L'homme qui n'a pas d'ennuis n'est pas dans le coup.

Elbert Hubbard

L'auteur du livre à succès *Le pouvoir de la pensée positive*, Norman Vincent Peale, est décédé à l'âge de 95 ans la veille de Noël 1993. Il s'est éteint chez lui, entouré d'amour, de paix et de soins attentionnés. Il ne méritait certes rien de moins. Son ministère axé sur la pensée positive a apporté la paix et redonné confiance à des générations de personnes qui ont compris par ses sermons, ses discours, ses entrevues radiophoniques et ses livres que notre destinée dépend de nous. Convaincu que Dieu ne créait pas la médiocrité, Norman Vincent Peale nous rappelait que tous les matins, au réveil, nous avons un choix: celui de nous sentir bien dans notre peau ou celui de nous sentir nul. Il me semble clairement l'entendre clamer: «Pourquoi choisir la deuxième option?»

C'est en juillet 1986 que je rencontrai Norman pour la première fois. Larry Hughes, qui était président de ma maison d'édition, William Morrow & Co., nous avait suggéré d'écrire ensemble un livre sur l'éthique. Nous décidâmes de le faire et, pendant les deux années qui suivirent, ma collaboration avec Norman à la rédaction du livre *Éthique et management* fut l'un des grands bonheurs de ma vie.

À partir de cette première rencontre, Norman eut une grande influence sur ma vie. Il soutenait toujours que les personnes qui pratiquent la pensée positive obtiennent des résultats positifs parce qu'elles ne craignent pas les ennuis. En fait, au lieu de voir dans un ennui une chose négative qu'il faut à tout prix combattre, Norman considérait les difficultés comme un signe de vie. Pour illustrer ce point de vue, voici l'une des histoires qu'il adorait raconter et que j'ai souvent reprise dans mes conférences.

Un jour, en descendant la rue, je vis venir à ma rencontre mon ami George. À son air abattu, je compris tout de suite qu'il ne nageait pas dans le bonheur, ce qui est un euphémisme pour dire qu'il avait l'air complètement déprimé.

Je lui demandai tout bonnement: «Comment vas-tu, George?» C'était une simple question de politesse, mais qu'il a prise très au sérieux et, pendant un quart d'heure, il m'a expliqué à quel point il se sentait mal. Et plus il parlait, plus je me sentais mal à mon tour. Je finis par lui dire: «Je suis vraiment désolé, George, de te voir aussi déprimé. Comment en es-tu arrivé là?»

La question fut vraiment un déclencheur. «C'est à cause de mes ennuis, m'a-t-il répondu. Des ennuis, toujours des ennuis. J'en ai assez des ennuis. Si tu peux me débarrasser de tous mes ennuis, je suis prêt à verser 5 000 $ à l'œuvre de bienfaisance de ton choix.»

N'étant pas homme à négliger une offre pareille, je réfléchis mûrement à sa proposition et, au bout de mes cogitations, je trouvai une réponse qui me paraissait judicieuse.

Je dis à George: «Hier, je suis allé dans un endroit où résident des milliers de gens. D'après ce que j'ai pu constater, aucun d'eux n'avait d'ennuis. Aimerais-tu y aller?»

«Quand est-ce qu'on part? a rétorqué George. Cet endroit est fait pour moi.»

«Dans ce cas, George, je me ferai un plaisir de te conduire demain au cimetière de Woodland, parce que les seules personnes que je connaisse qui n'ont pas d'ennuis sont mortes.»

J'adore cette histoire, parce qu'elle met les choses en perspective. J'ai souvent entendu Norman dire: «Si vous n'avez pas d'ennuis, méfiez-vous, vous courez un grave danger. Votre fin est proche et vous ne vous en rendez pas compte. Si vous pensez ne pas avoir d'ennuis, je vous conseille de quitter en vitesse le lieu où vous êtes, de sauter dans votre voiture et de rentrer chez vous le plus rapidement — et le plus prudemment — possible, de vous précipiter dans votre chambre et de claquer la porte derrière vous. Puis laissez-vous tomber à genoux et priez: "Mon Dieu, que se passe-t-il? Vous ne me faites plus confiance? Je vous en prie, envoyez-moi quelques ennuis."»

Ken Blanchard

Les anges ne disent jamais «Bonjour»

Ma grand-mère me parlait souvent des anges. Elle disait qu'ils venaient frapper à la porte de notre cœur pour nous livrer un message. Je les imaginais avec un grand sac de courrier jeté entre les ailes et une casquette de facteur négligemment posée sur la tête. Je me demandais si les timbres collés sur leurs enveloppes portaient la mention: «Paradis express».

«Ne t'attends pas à ce que l'ange ouvre ta porte», m'expliquait ma grand-mère. «Vois-tu, il n'y a qu'une seule poignée à la porte de ton cœur et un seul verrou, qui se trouvent à l'intérieur. De ton côté. Tu dois tendre l'oreille pour entendre l'ange frapper, tirer le verrou et ouvrir toute grande la porte!»

J'aimais cette histoire et ne cessais de lui demander: «Et alors, que fait l'ange?»

«L'ange ne dit jamais "Bonjour". Tu tends la main pour prendre le message et il te donne ses instructions: "Lève-toi et marche!" Puis il s'envole et c'est à toi d'agir.»

Les journalistes me demandent souvent comment j'ai pu mettre sur pied plusieurs entreprises internationales sans avoir fait d'études supérieures et commencer ma carrière à pied, en poussant devant moi mes deux enfants dans une poussette déglinguée.

D'abord, je réponds que je lis au moins six livres par semaine depuis que je sais lire. J'apprends ainsi, dans leurs livres, les enseignements des grands fonceurs.

Ensuite, j'explique aux journalistes que chaque fois que j'entends un ange frapper, j'ouvre toute grande la porte. Parmi les messages, il y a de nouvelles idées d'affaires, des suggestions de livres à écrire et d'extraordinaires solutions à mes problèmes personnels et professionnels. Les idées se manifestent très souvent, comme un flot continu, une rivière sans fin.

Pourtant, un jour, les anges cessèrent de frapper à ma porte. C'est arrivé quand ma fille Lilly fut grièvement blessée dans un accident. Elle était à l'arrière d'un chariot élévateur que son père avait loué pour déplacer des meules de foin destinées à nos chevaux. Lilly et deux amis du voisinage l'avait supplié de les laisser monter comme il allait rapporter le chariot à l'entreprise de location.

Dans une petite pente, le mécanisme de direction lâcha. Le père de Lilly se disloqua presque les épaules à vouloir retenir l'énorme chariot sur la route et l'empêcher de se renverser. La petite amie de ma fille eut un bras cassé. Le père de Lilly, assommé, perdit connaissance tandis qu'elle demeurait coincée en dessous, l'énorme poids du chariot lui écrasant la main gauche. De l'essence coula sur sa cuisse. Or, l'essence brûle, même si elle n'est pas enflammée. Quant au garçon qui les accompagnait, il s'en tira indemne et garda son sang-froid. Il s'empressa d'arrêter la circulation.

Nous transportâmes Lilly d'urgence au centre de chirurgie orthopédique, où elle commença à subir une longue série d'opérations qui chaque fois lui amputaient un peu plus la main. On m'expliqua que lorsqu'un membre est sectionné, il arrive qu'on puisse le recoudre, mais pas quand il est écrasé et broyé.

Lilly venait tout juste d'entreprendre des leçons de piano. Étant donné que je suis écrivaine, j'avais très hâte de la voir commencer des cours de dactylographie l'année suivante.

Pendant toute cette période, il m'arriva souvent de partir seule en voiture pour aller pleurer en cachette. Je ne pouvais pas m'arrêter. Je n'avais plus assez de concentration pour lire. Et à la porte de mon cœur, c'était le silence complet; aucun ange ne venait frapper. Je n'arrêtais pas de penser à toutes les choses que Lilly ne pourrait jamais faire à cause de ce terrible accident.

Lorsque nous la ramenâmes à l'hôpital pour la huitième opération, mon moral était au plus bas. Je me répétais sans arrêt: «Elle n'écrira jamais à la machine. Jamais. Jamais.»

Nous venions à peine d'arriver dans la chambre d'hôpital que la jeune fille allongée sur le lit voisin nous interpella. Elle nous lança d'une voix autoritaire: «Je vous attendais! Allez tout de suite dans le couloir, troisième porte à gauche. Il y a là un garçon qui a eu un accident de moto. Allez vite le voir et remontez-lui le moral!»

Elle avait une voix de maréchal. Nous nous sommes sentis obligés de lui obéir aussitôt. Après avoir parlé au garçon et l'avoir encouragé, nous sommes revenus à la chambre de Lilly.

Pour la première fois je me rendis compte que cette drôle de fille était très courbée. «Qui es-tu?», demandai-je.

«Je m'appelle Tony Daniels», me répondit-elle avec un grand sourire. «Je fréquente l'école secondaire pour jeunes handicapés. Cette fois, les médecins vont me faire grandir de deux centimètres et demi! J'ai eu la polio et, depuis, j'ai subi plusieurs opérations.»

Elle avait le charisme et la vigueur d'un général Schwartzkopf. Je ne pus m'empêcher de lui rétorquer: «Mais tu n'es pas handicapée!»

«Oh, vous avez raison», me répondit-elle avec un regard oblique. «Dans cette école, on nous enseigne qu'on n'est jamais handicapé tant qu'on peut aider quelqu'un d'autre. Si vous rencontiez ma camarade de classe qui enseigne la dactylo, vous pourriez la croire handicapée parce qu'elle est née sans bras ni jambes. Mais elle nous aide tous et toutes en nous enseignant, avec une baguette entre les dents, à taper à la machine!»

Badaboum! Tout à coup je les entendis. Les anges criaient, frappaient et cognaient à la porte de mon cœur!

Je sortis en trombe de la chambre et courus dans le corridor à la recherche d'un téléphone. J'appelai chez IBM et demandai à parler au directeur. Je lui expliquai que ma petite fille avait perdu presque toute sa main gauche et lui demandai s'il existait des méthodes de dactylographie pour une seule main.

«Bien sûr! me répondit-il. Nous en avons pour la main droite, pour la main gauche, d'autres qui montrent à taper avec les pieds à l'aide de pédales. Nous avons même une méthode pour apprendre à taper avec une baguette entre les dents. Les tableaux sont gratuits. Où puis-je vous les envoyer?»

Quand enfin nous pûmes ramener Lilly à l'école, je pris avec moi les tableaux illustrant la méthode de dactylographie à une seule main. Lilly avait toujours la main et le bras dans un plâtre entouré d'énormes bandages. Je demandai au directeur si Lilly pouvait suivre les cours de dactylographie, même si elle était trop jeune, plutôt que les cours de gymnastique. Il me répondit qu'on ne l'avait encore jamais fait et que le professeur de dactylographie refuserait peut-être le surcroît de travail que cela supposait. Il me laissa toutefois libre de lui en parler.

En entrant dans la classe de dactylographie, j'aperçus tout de suite, affichées aux murs, des citations de Florence Nightingale, Ben Franklin, Ralph Waldo Emerson et Winston Churchill. Poussant un profond soupir, je me dis que j'étais au bon endroit. Le professeur me dit qu'il n'avait encore jamais enseigné la dactylographie à une main, mais qu'il travaillerait avec Lilly chaque jour pendant l'heure du déjeuner. «Nous allons apprendre ensemble», me dit-il.

Très vite, Lilly fut capable de dactylographier tous ses devoirs d'anglais. Son professeur, cette année-là, était un homme qui avait été victime de la polio et son bras droit était inerte. Un jour, il la gronda en disant: «Ta mère te dorlote trop, Lilly. Ta main droite n'est pas handicapée. Fais toi-même tes devoirs.»

«Mais non, monsieur», lui rétorqua-t-elle en riant. «Je tape 50 mots à la minute avec ma main droite. J'utilise la méthode IBM pour une seule main!»

Le professeur se laissa tomber sur sa chaise, puis dit lentement: «J'ai toujours rêvé de taper à la machine.»

«Venez pendant l'heure du déjeuner, lui dit Lilly. À l'endos de mes tableaux, il y a le doigté pour l'autre main. Je vous l'enseignerai.»

Après la première leçon, Lilly revient de l'école en disant: «Maman, Tony Daniels avait raison. Je ne suis plus handicapée, parce que j'aide quelqu'un à réaliser son rêve.»

Aujourd'hui, Lilly est l'auteure de deux livres mondialement reconnus. Elle a enseigné à tout le personnel de notre bureau à utiliser nos ordinateurs Apple avec la souris à gauche, parce que c'est de ce côté qu'elle manipule la sienne avec le doigt qui lui reste et le bout de son pouce.

Chut! Écoutez. Entendez-vous cogner? Tirez le verrou! Ouvrez la porte! Pensez à moi et rappelez-vous: les anges ne disent jamais «Bonjour». Ils saluent en lançant: «Lève-toi et marche!»

Dottie Walters

Pourquoi faut-il que de telles choses arrivent?

Nous sommes tous des instruments dans la main de Dieu.

Mère Teresa

Ma voix est l'une de mes joies et de mes passions dans la vie. J'adore me produire dans les salles de spectacle de ma région. Or un jour, pendant que nous répétions un spectacle particulièrement difficile, j'eus très mal à la gorge. C'était la première fois que je jouais dans une pièce lyrique et j'étais terrifiée à l'idée d'avoir abîmé mes cordes vocales. J'avais un premier rôle et nous étions sur le point de commencer les représentations. Je pris donc rendez-vous avec mon médecin de famille et, après une heure d'attente en vain, offusquée, je quittai les lieux. De retour au travail, j'attrapai l'annuaire et cherchai le nom d'un spécialiste de la gorge dans les environs. Je pris un nouveau rendez-vous et m'y rendis.

L'infirmière me fit entrer et je m'assis pour attendre le médecin. J'étais franchement mécontente. Je suis rarement malade et voilà que je l'étais à un moment où j'aurais dû être en pleine forme. Sans compter que je devais rogner sur mes heures de travail pour aller chez deux médecins qui tous deux me faisaient attendre. C'était très frustrant. Pourquoi faut-il que de telles choses arrivent? Au bout d'un moment, l'infirmière revint et me demanda: «Puis-je vous poser une question personnelle?»

C'était plutôt inusité: quelles questions vous pose-t-on, chez le médecin, sinon des questions personnelles? Mais je la regardai et lui répondis: «Oui, bien sûr.»

«J'ai remarqué votre main», me dit-elle après une certaine hésitation.

À l'âge de onze ans, j'ai perdu la moitié de la main gauche dans un accident de chariot élévateur. Je crois que c'est l'une des raisons qui m'ont empêchée de poursuivre mon rêve de monter sur les planches. Pourtant, tout le monde me dit: «Oh! Je n'avais jamais remarqué! Tu es si naturelle.» Inconsciemment, j'ai toujours pensé que la scène était réservée aux gens parfaits. Personne ne voudrait de moi, sans compter que je suis trop grande, trop forte, que je n'ai pas vraiment de talent... Non, on ne voudrait pas de moi. Mais j'adore les comédies musicales et c'est vrai que j'ai une belle voix. Un jour j'ai donc tenté ma chance au théâtre de ma région et j'ai été la première choisie! C'était il y a trois ans. Depuis, j'ai été engagée pratiquement chaque fois que j'ai passé une audition.

L'infirmière enchaîna: «Je voudrais savoir quelle influence cela a eu sur votre vie.»

Jamais, depuis l'accident il y a 25 ans, personne ne m'a posé cette question. Il arrive qu'on me demande: «Est-ce que ça vous embête?» Mais jamais on ne m'a posé une question aussi vaste que: «Quelle influence cela a-t-il eu sur votre vie?» Après une pause embarrassante, elle ajouta: «Voyez-vous, je viens d'avoir un bébé et sa main est comme la vôtre. Alors, j'ai besoin de savoir quelle influence cela a eu sur votre vie.»

Comment cela a-t-il influencé ma vie? Je réfléchis un moment afin de trouver les mots justes. Finalement, je répondis: «Cela a influencé ma vie, mais pas de façon négative. Je fais une foule de choses que bien des gens qui ont leurs deux mains trouvent difficiles. Je tape environ 75 mots à la minute, je joue de la guitare, j'ai fait de l'équitation et participé à des concours hippiques pendant des années, j'ai même un diplôme en art équestre.

Je joue dans des comédies musicales et je suis une conférencière professionnelle. Je suis donc toujours devant un auditoire. Je participe aussi à des émissions de télévision quatre ou cinq fois par année. Je pense que si les choses n'ont jamais été "difficiles", c'est grâce à l'amour et aux encouragements de mes parents. Ils ont toujours parlé de la grande satisfaction que j'obtiendrais d'avoir appris à faire avec une main ce que la plupart des gens trouvent difficile de faire avec deux. Nous étions toujours très enthousiastes à ce sujet et l'accent était mis là-dessus.

«Votre fille n'a pas de problème. Elle est normale. C'est vous qui lui apprendrez à se faire une opinion d'elle-même. Elle va finir par se rendre compte qu'elle est "différente", mais vous lui apprendrez qu'être "différente" est une chose formidable. Être normale, c'est être dans la moyenne. Qu'y a-t-il de réjouissant à cela?»

L'infirmière demeura silencieuse un moment, puis elle me remercia simplement. Je restai assise là à me demander: «Pourquoi faut-il que de telles choses arrivent?» Il y a une raison à tout, même au fait qu'un chariot élévateur m'ait écrasé la main. Toutes les circonstances qui m'avaient conduite dans le cabinet de ce médecin à ce moment précis avaient une raison d'être.

Le médecin arriva, regarda ma gorge et m'annonça qu'il voulait me faire une anesthésie afin d'aller l'examiner de plus près à l'aide d'une sonde. Il faut dire que tous les chanteurs sont paranoïaques quand il est question de leur enfoncer un instrument chirurgical dans la gorge, surtout un instrument si brutal qu'une anesthésie est nécessaire! Je dis: «Non merci», et je partis.

Le lendemain, ma gorge était complètement guérie.

Pourquoi faut-il que de telles choses arrivent?

Lilly Walters

L'âme grandit dans l'épreuve

Le caractère ne peut se former dans la facilité et la quiétude. Seules l'épreuve et la souffrance peuvent fortifier l'âme, éclaircir la vision, stimuler les ambitions et mener au succès.

Helen Keller

Je n'oublierai jamais le soir où le désastre et le défi pénétrèrent chez nous, en 1946.

À peine rentré de son entraînement de football (américain), mon frère George s'était écroulé avec 40 degrés de fièvre. Après l'avoir examiné, le médecin nous apprit qu'il avait la polio. C'était avant l'époque du docteur Salk, et à Webster, dans le Missouri, on connaissait bien la polio, qui avait tué ou rendu infirmes de nombreux enfants et adolescents.

Une fois la crise passée, le médecin crut de son devoir d'apprendre à George la terrible vérité: «Je suis navré d'avoir à te dire cela, mon garçon, mais la poussée de polio a été si forte que tu boiteras probablement toute ta vie et que ton bras gauche restera inerte.»

George rêvait d'être champion de lutte en dernière année d'études secondaires, après avoir perdu de justesse le championnat la saison précédente. À peine capable de parler, il murmura: «Docteur...

«Oui, qu'y a-t-il, mon garçon?» fit le médecin en se penchant vers lui.

«Allez au diable!» lui rétorqua George d'une voix pleine de détermination.

Le lendemain, en entrant dans sa chambre, l'infirmière le trouva allongé sur le plancher, face contre terre. Bouleversée, elle lui demanda ce qui se passait. «Je marche», lui répondit George calmement.

Il ne voulut pas entendre parler d'appareil orthopédique, ni même d'une béquille. Parfois il pouvait mettre jusqu'à vingt minutes pour sortir de son fauteuil, mais il refusait catégoriquement toute forme d'aide.

Je me souviens de l'avoir vu soulever une balle de tennis avec autant d'effort qu'un homme en bonne santé aurait mis à soulever un poids de cinquante kilos.

J'ai aussi le souvenir de l'avoir vu sauter sur le tapis en tant que capitaine de l'équipe de lutte.

Mais l'histoire ne s'arrête pas là. L'année suivante, juste comme il venait d'être sélectionné pour représenter le Missouri Valley College à l'occasion de l'une des premières parties de football (américain) diffusées à la télévision locale, il fut atteint d'une mononucléose.

C'est mon frère Bob qui aida George à s'accrocher à sa conviction déjà profonde qu'il ne fallait jamais se décourager. Toute la famille était réunie dans sa chambre d'hôpital lorsque le quart-arrière réussit une passe de 12 verges à l'allier rapproché et que le commentateur annonça: «Et George Schlatter attrape la première passe de la joute.»

Éberlués, nous tournâmes tous les yeux vers le lit pour nous assurer que George était bien là. Puis nous comprîmes ce qui s'était passé. Bob, qui faisait aussi partie de l'équipe, avait porté le numéro de George, pour que ce dernier puisse entendre tout l'après-midi qu'il attrapait six passes et effectuait d'innombrables blocages.

Il récupéra de la mononucléose grâce à ce que Bob lui avait enseigné ce jour-là: il existe toujours un moyen!

Le sort avait décidé que George passerait les trois automnes suivants à l'hôpital. En 1948, ce fut après avoir mis le pied sur un clou rouillé. En 1949, ce fut à cause d'une angine, survenue juste avant qu'il aille passer une audition comme chanteur. Et en 1950, il subit des brûlures au troisième degré qui s'étendaient sur quarante pour cent de son corps et fit des collapsus pulmonaires. C'est mon frère Allan qui lui sauva la vie: après une explosion qui avait mis le feu aux vêtements de George, Allan s'était jeté sur lui pour éteindre les flammes, subissant lui-même de graves brûlures.

Mais George ressortait toujours plus fort de chaque épreuve et toujours plus convaincu qu'il pouvait surmonter n'importe quel obstacle. Il avait lu un jour que lorsqu'on regarde les embûches, on oublie de regarder le but à atteindre.

Ainsi armé d'un moral à toute épreuve et d'une nature heureuse, il entra dans le monde du spectacle et révolutionna la télévision en créant et en produisant des émissions aussi novatrices que «Laugh In» et «American Comedy Awards». Il remporta aussi un prix Emmy pour son émission spéciale sur Sammy Davis Jr.

George est vraiment passé par toutes les épreuves et on peut dire qu'il en est ressorti avec une âme grandie et forte, dont il s'est servi pour encourager et amuser une nation.

John Wayne Schlatter

La course

I

«Abandonne! Tu es battu!»
Me crie-t-on de toutes parts.
«Décroche! C'est peine perdue.
Tu as pris trop de retard!»

Aujourd'hui quand je baisse la tête
Devant l'échec,
C'est le souvenir d'une course
Qui m'empêche de flancher.

Chaque fois que je revois la scène,
L'espoir en moi renaît,
Ma volonté se raffermit
Et tout mon être rajeunit.

II

Une course d'enfants — des garçons, des adolescents —
Comme je m'en rappelle.
Tous débordant d'enthousiasme,
Mais tenaillés par la peur, aussi.

Tous alignés, gonflés d'espoir,
Chacun voulait être le vainqueur.
Sinon mériter la première place,
Au moins décrocher la deuxième.

Les pères, du haut des gradins,
Encourageaient leurs gamins.
Et chaque coureur voulait montrer à son père
Qu'il était le meilleur.

D'un coup de sifflet le départ est donné
Et les voilà lancés.
Les cœurs et les espoirs s'enflamment,
Chacun veut être le héros.

Un garçon, en particulier,
Sachant son père parmi la foule,
Suivait de près le meneur en se disant:
«Papa sera fier de moi!»

Mais dans un creux de terrain,
En prenant de la vitesse,
Un malheureux faux pas
A fait déraper l'aspirant champion.

Pour prévenir sa chute,
Il a tendu les bras
Et sous les rires de la foule
Il a mordu la poussière.

Tous ses espoirs avec lui sont tombés,
Désormais, il ne pouvait plus gagner.
Triste et honteux, il ne souhaitait plus
Que rentrer sous terre.

Mais quand il a chuté, son père s'est dressé
Et sur son visage inquiet
Le garçon lisait:
«Relève-toi et gagne la course!»

Il s'est vite relevé, pas trop écorché.
Il avait juste perdu un peu de terrain, ce n'était rien.
Et rassemblant ses esprits et toute sa volonté,
Il a couru de toutes ses forces pour se rattraper.

Il voulait tellement se racheter,
Reprendre le temps perdu et gagner,
Que dans sa hâte il a trébuché et,
Une deuxième fois, il est tombé!

Il se disait qu'il aurait dû abandonner,
Qu'un seul déshonneur était bien assez.
«Je n'ai plus la moindre chance.
À quoi bon encore essayer?»

Mais dans la foule qui riait aux éclats
Il aperçut le visage de son père,
Dont le regard assuré encore une fois disait:
«Relève-toi et gagne la course!»

Alors il a sauté sur ses pieds,
Dix mètres le séparaient du dernier.
«Si je veux les rattraper,
Je dois accélérer», s'est-il encouragé.

Réunissant toutes ses forces,
Il en dépassa une dizaine,
Mais tant d'efforts pour rattraper la tête
L'ont fait trébucher et tomber encore!

Quelle défaite! Une larme au coin de l'œil,
Il restait là, allongé.
«C'est folie de continuer.
Trois chutes, c'est trop. Pourquoi m'acharner?»

Ses espoirs enfuis,
Il n'avait plus la volonté de se relever.
Si loin derrière, si maladroit,
Un vrai perdant sur toute la ligne.

«J'ai perdu, à quoi bon?
Je n'ai plus qu'à vivre avec ma honte.»
Mais il songea à son père
Qu'il devrait bientôt regarder en face.

«Lève-toi», lui disait tout bas une petite voix.
«Lève-toi et reprends ta place.
L'heure n'est pas à l'échec.
Relève-toi et gagne la course!»

«Reprends courage et relève-toi»,
Disait la voix.
«Rien n'est perdu parce que gagner,
C'est se relever chaque fois qu'on tombe.»

Alors encore une fois il s'est relevé
Et avec une ardeur nouvelle
Il s'est dit que perdre ou gagner, peu importe,
Au moins il n'abandonnerait pas.

Maintenant très loin derrière,
— Plus loin que jamais —
Il a donné tout ce qu'il pouvait
Et a foncé comme s'il allait gagner.

Trois fois il avait trébuché, il était tombé,
Mais trois fois il s'était relevé.
Trop loin maintenant pour espérer gagner,
Il a quand même couru jusqu'à la fin.

La foule a acclamé le premier
Qui a atteint le fil d'arrivée
La tête haute, fier et heureux,
Ignorant la honte et le déshonneur.

Mais quand le garçon qui était tombé
Est arrivé bon dernier,
Elle l'a ovationné
Parce qu'il s'était rendu jusqu'au bout.

Et même s'il se pointait après tous les autres,
La tête basse et peu fier,
À entendre la foule crier,
On aurait pu croire qu'il avait gagné.

À son père il dit tristement:
«Je n'ai pas été très brillant.»
Et le père de répliquer: «Pour moi tu as gagné,
Tu t'es relevé chaque fois que tu es tombé.»

III

Et quand les choses vont mal,
Que j'ai de la difficulté à les affronter,
Le souvenir de ce petit garçon
M'aide dans ma course.

Parce que la vie, tout comme cette course,
Est faite de chutes et de remontées.
Et pour gagner, une seule option:
Se relever chaque fois qu'on tombe.

«Abandonne! Tu es battu!»
Me crie-t-on encore aujourd'hui.
Mais une autre voix en moi souffle:
«Lève-toi et gagne la course!»

D. H. Groberg

Après un certain temps

Après un certain temps, on apprend la subtile différence entre tenir une main et enchaîner une âme,

Et on apprend qu'aimer ne veut pas dire se soumettre et que la fréquentation d'une personne n'est pas garante de sécurité,

Et on se met à apprendre que les baisers ne sont pas des engagements et que les cadeaux ne sont pas des promesses,

Et on se met à accepter ses échecs la tête haute et les yeux ouverts, avec la sagesse de l'adulte et non la tristesse de l'enfant,

Et on apprend à construire sa route aujourd'hui, parce qu'on ne peut prévoir de quoi demain sera fait.

Après un certain temps, on apprend que même la lumière du soleil brûle si on en abuse.

Alors cultivez votre propre jardin et embellissez vousmême votre âme plutôt que d'attendre qu'on vous apporte des fleurs.

Et on apprend qu'on peut supporter beaucoup...

Qu'on est vraiment fort,

Et qu'on est vraiment quelqu'un.

Veronica A. Shoffstall

À la conquête
des hauts sommets

«Pourquoi moi?» hurlait Todd quand son père le retira en sang des eaux agitées du lac et l'installa dans le bateau. Todd avait toute sa connaissance pendant que son père, ses deux frères et trois amis fonçaient vers le rivage pour trouver de l'aide.

La scène était surréaliste. Tout le monde avait passé une agréable journée à faire du ski nautique sur le lac au bord duquel habitait son grand-père, en Oklahoma. Quand le ski fut terminé, Todd voulut s'amuser dans l'eau avec une chambre à air en guise de flotteur. Pendant qu'on démêlait les câbles pour le ski nautique, le moteur fut mis accidentellement en marche arrière et les jambes de Todd furent aspirées par les hélices, tout cela en l'espace d'un éclair. Personne ne l'avait entendu crier avant qu'il ne soit trop tard. Et maintenant il était à l'hôpital, se cramponnant à la vie.

Todd avait les deux jambes sérieusement blessées. Le nerf sciatique était sectionné dans la jambe droite, le paralysant du genou aux orteils. Les médecins disaient qu'il risquait de ne plus marcher. Lentement, il se remit de ses blessures, mais une maladie des os s'installa dans son pied droit. Pendant les sept années qui suivirent, il se battit physiquement et moralement pour garder sa jambe. Toutefois, il dut un jour affronter ce qu'il craignait le plus.

Par une sinistre journée d'avril 1981, Todd était allongé, conscient, sur la table d'opération de l'hôpital Massachusetts General, attendant qu'on procède à l'amputation. Il parlait calmement avec le personnel médical de la sorte de pizza qu'il voulait manger après l'opération. «J'opte pour bacon et ananas», plaisanta-t-il. À mesure qu'approchait l'heure redoutable, une vague de sérénité l'enveloppait. La paix remplissait son cœur en pensant à un verset de la Bible lu dans son enfance: «La justice le précède et guide ses pas.»

Todd était profondément convaincu que, pour lui, le prochain pas était de passer par l'amputation. Ses derniers doutes s'étaient envolés, faisant place au courage d'affronter l'inévitable. Pour avoir le style de vie qu'il désirait, il lui fallait perdre sa jambe. En quelques instants la jambe fut amputée, mais son avenir en même temps s'était ouvert.

Encouragé par ses proches, il étudia la psychologie. Après avoir obtenu son diplôme avec la mention très bien, il accepta le poste de chef de clinique dans un centre de ressources pour les amputés, dans le sud de la Californie. Il se rendit bientôt compte que sa formation en psychologie et sa propre expérience lui permettaient, dans son travail, d'inspirer d'autres personnes amputées.

«Mes pas sont déjà tracés, se rappelait-il. Je crois être sur la bonne voie, mais quel doit être mon prochain pas?» se demandait-il.

Avant l'accident, il menait une vie normale. Il faisait de l'escalade, allait camper, pratiquait des sports, sortait avec les filles et s'amusait avec ses copains. Après, il continua de voir ses amis, mais la pratique des sports lui était devenue difficile. La jambe artificielle qu'il avait reçue après l'amputation lui permettait de marcher de nouveau, mais guère plus.

Todd rêvait parfois, la nuit, qu'il courait à travers des plaines vertes, mais il se réveillait pour se retrouver face à sa dure réalité. Il souhaitait désespérément courir de nouveau.

En 1993, son rêve se réalisa. Une nouvelle prothèse, à pied articulé, avait été mise au point et il put en obtenir une par l'intermédiaire de son prothésiste.

Au début, il faisait d'énormes efforts pour courir, trébuchant à chaque pas et cherchant son souffle. Mais à force de persévérance, il réussit bientôt à courir 20 kilomètres par jour.

Todd continuait de s'améliorer. Un jour, un de ses amis tomba sur un article de magazine susceptible de l'intéresser. Un organisme cherchait un amputé pour escalader le plus haut sommet de chacun des 50 États américains. Il accompagnerait quatre autres alpinistes handicapés et, ensemble, ils tenteraient d'abattre un record en escaladant les 50 sommets en 100 jours ou moins.

L'idée emballa Todd. «Pourquoi ne pas essayer?, se disait-il. J'adorais l'escalade et voilà une occasion de connaître mes limites.» Il soumit donc sa candidature et fut accepté sur-le-champ.

L'expédition devait débuter en avril 1994. Todd avait donc presque un an pour se préparer. Il commença par s'entraîner tous les jours, changer son régime alimentaire et faire de l'escalade tous les week-ends. Autour de lui, on trouvait que l'idée était bonne, mais il s'en trouvait certains pour critiquer sa décision.

Todd ne se laissa pas décourager par les attitudes négatives. Lui savait que c'était la bonne chose à faire. Il pria le Seigneur de l'éclairer et comprit clairement que c'était son prochain pas à faire dans la vie.

Tout allait à merveille quand, en février 1994, il reçut des nouvelles peu encourageantes. Le financement de l'expédition était annulé. Désolé, le responsable du projet ne voyait pas d'autres solutions que de tout laisser tomber.

«Je n'abandonnerai pas!, s'exclama Todd. J'ai investi trop de temps et d'efforts dans ce projet pour laisser tomber maintenant. Il y a là un message à saisir et, s'il plaît à Dieu, je trouverai un moyen de faire que cette expédition ait lieu!»

Sans se laisser démonter par la mauvaise nouvelle, Todd commença à mettre la machine en marche. Au cours des six semaines qui suivirent, il récolta un soutien financier suffisant pour mettre sur pied une nouvelle expédition. Il réussit à trouver l'appui d'un petit groupe d'amis prêts à lui donner un coup de main pour les détails techniques de l'escalade. Whit Rambach serait son coéquipier et moi, Lisa Manley, je dirigerais les opérations à partir de la maison. Quand tout fut prêt, sa nouvelle expédition baptisée «Summit America» se mit en branle à la date prévue.

Au cours de ses préparatifs, Todd avait appris que 31 personnes seulement avaient réussi à vaincre les 50 hauts sommets. Plus nombreuses étaient celles qui avaient réussi à escalader le mont Everest, le plus haut sommet du monde.

Todd et Whit commencèrent leur escalade par le mont McKinley, en Alaska, à 17 h 10 heures le 1er juin 1994. Le détenteur du record, Adrian Crane, et un sergent de l'armée, Mike Vining, les secondèrent dans leur escalade du Denali, nom amérindien du mont McKinley.

«Les conditions sur la montagne étaient tout à fait imprévisibles, rapporta Todd. Des orages pouvaient s'élever en quelques heures. Pour arriver au sommet, c'était véritablement le jeu du chat et de la souris.

«La température descendait parfois à -34 °C, raconta-t-il. Il nous fallut 12 jours pour lutter contre le climat, le mal de l'altitude et la présence du danger. Je savais que la montagne pouvait être dangereuse, mais je n'avais pas conscience à quel point jusqu'à ce que je voie descendre devant moi deux corps gelés qu'on retirait du Denali.

«Il fallait avancer un pas à la fois, et les 300 derniers mètres furent les plus difficiles. À chaque pas, j'inspirais trois fois et je me répétais que mon message ne pourrait être entendu que si j'atteignais le sommet. Cette pensée me poussait en avant.»

Le reste de l'expédition fut emballant et se déroula à vive allure. Le groupe *Hooked on Phonics* vint à la rescousse de «Summit America» et finança le reste de l'escalade. La population s'intéressa à Todd, à sa détermination à briser un record et à son histoire. Pendant qu'il voyageait dans tout le pays, son message était transmis dans les journaux, à la télévision et à la radio.

Tout fonctionnait selon l'horaire établi jusqu'au moment d'escalader le 47e sommet, soit le mont Hood en Oregon. Une semaine plus tôt, deux personnes y avaient perdu la vie et tout le monde conseillait à Todd et à Whit de ne pas tenter l'escalade, sous prétexte que le risque était trop grand.

Rempli de doute et d'appréhension, Todd communiqua avec son vieil ami de l'école secondaire et alpiniste chevronné, Fred Zalokar. Quand celui-ci eut compris la situation difficile dans laquelle Todd se trouvait, il lui dit: «Todd, tu es allé trop loin pour abandonner. Fais-moi venir en avion et je vais vous mener au sommet de cette montagne en toute sécurité.»

Après maintes discussions avec les autorités de la montagne et des heures d'une planification méticuleuse, Todd, Whit et Fred réussirent à atteindre le sommet du mont Hood. Désormais, trois sommets seulement séparaient Todd de son but.

Puis, le 7 août 1994 à 11 h 57, Todd se tenait victorieusement au sommet du Mauna Kea à Hawaii. Il avait escaladé les 50 sommets en 66 jours, 21 heures et 47 minutes, battant de 35 jours le précédent record! Le plus remarquable, c'est que Todd, amputé, avait battu un record détenu par un homme qui avait ses deux jambes.

Todd était fou de joie, non seulement parce qu'il avait établi un nouveau record mondial d'escalade, mais parce qu'il connaissait maintenant la réponse à la question «Pourquoi moi?» qui le hantait depuis son accident au lac. À l'âge de 33 ans, il voyait comment cette victoire sur la tragédie qu'il avait vécue pouvait servir à inciter partout des gens à croire qu'ils pouvaient vaincre leurs difficultés personnelles.

Pendant toute la durée de l'escalade et jusqu'à ce jour, Todd Huston porte son message partout dans le monde. Avec une calme assurance, il affirme: «Si on croit en Dieu et dans les capacités qu'Il nous donne, on peut vaincre toutes les difficultés que la vie nous réserve.»

Lisa Manley

Un chef-d'œuvre à découvrir

Rien au monde ne peut remplacer la persévérance. Ni le talent — les hommes talentueux qui n'ont pas réussi sont légion — ni le génie — les histoires de génies méconnus sont quasi proverbiales. Seules la persévérance et la détermination sont toutes-puissantes.

Calvin Coolidge

Il y a quelques années, mon amie Sue a eu d'assez graves ennuis de santé. Enfant, elle avait été invalide et souffrait toujours d'une malformation congénitale, un orifice dans l'un des ventricules de son cœur. Ses cinq accouchements, qui avaient commencé par une difficile césarienne, avaient aussi laissé leurs séquelles. Elle avait subi maintes opérations. Elle avait aussi pris du poids pendant plusieurs années, et les régimes ne l'avaient pas aidée. Elle souffrait presque sans arrêt de douleurs non diagnostiquées. Son mari, Dennis, avait appris à accepter ses limites, espérant toujours que sa santé s'améliore, mais il n'y croyait plus vraiment.

Un jour, ils s'assirent en famille et dressèrent la liste de leurs plus grands souhaits. L'un des souhaits de Sue était de courir un marathon. Compte tenu de ses antécédents et de ses limites, Dennis était d'avis que son objectif n'était pas réaliste, mais Sue s'engagea à l'atteindre.

Elle commença par courir très lentement dans son quartier. Chaque jour, elle courait un tout petit peu plus loin que la veille — à peine quelques dizaines de mètres de plus. «Quand donc arriverai-je à courir un kilomètre?» se demanda-t-elle un jour. Et bientôt elle en courut trois, puis cinq. Je laisse à Dennis le soin de raconter le reste de l'histoire dans ses mots.

Je me souviens que Sue m'avait parlé d'une chose qu'elle avait apprise: «Le subconscient et le système nerveux ne distinguent pas une situation réelle d'une situation imaginaire.» Nous pouvons donc nous améliorer et, de manière subconsciente, poursuivre nos buts les plus chers et obtenir presque à coup sûr le succès si nous fixons les images assez clairement dans notre esprit. Je savais que Sue y croyait, et elle s'était inscrite pour courir le marathon de St. George, dans le sud de l'Utah.

«L'esprit peut-il croire une image qui mène à l'autodestruction?» me demandais-je pendant que je roulais sur la route montagneuse, entre Cedar City et St. George. Je garai notre fourgonnette près de la ligne d'arrivée et j'y attendis Sue. Il y avait une pluie tenace et un vent froid. Le marathon était commencé depuis plus de cinq heures. J'avais vu plusieurs coureurs blessés et transis de froid transportés devant moi et je commençais à prendre panique. L'image de Sue seule et gelée quelque part en bordure de la route me rendait fou d'inquiétude. Les concurrents les plus robustes et les plus rapides avaient terminé depuis belle lurette, et les coureurs devenaient de plus en plus rares. Je ne voyais plus personne, ni dans un sens ni dans l'autre.

Presque toutes les voitures garées le long du trajet du marathon s'étaient dispersées et la circulation normale reprenait lentement. Je pus donc remonter directement le trajet de la course. Après avoir roulé pendant environ trois kilomètres, je n'apercevais toujours personne. Puis, à un détour de la route, je vis au loin un petit groupe qui courait. À mesure que j'approchais, je pouvais distinguer Sue en compagnie de trois autres personnes. Ils souriaient et parlaient tout en courant. Ils étaient du côté opposé de la route quand je me garai et que je criai à travers la circulation devenue fluide: «Tu vas bien?»

«Oh oui!» me répondit Sue un peu haletante, mais à peine. Ses nouveaux amis me sourirent et l'un d'eux me demanda: «Combien reste-t-il jusqu'à la ligne d'arrivée?» «Environ trois kilomètres», répondis-je.

Trois kilomètres? me dis-je tout à coup. *Est-ce que je suis fou?* Je remarquai que deux des coureurs boitaient. Je pouvais entendre leurs pieds clapoter dans leurs chaussures trempées. J'avais envie de leur dire qu'ils avaient fait une bonne course et de leur offrir de les ramener en voiture, mais je voyais la détermination dans leurs yeux. Je fis demi-tour et les suivis à distance, au cas où l'un d'eux — sinon tous — tomberait. Ils avaient couru pendant plus de cinq heures et demie! Finalement, je les dépassai et allai me garer à environ un kilomètre et demi du fil d'arrivée, où j'attendis.

En apercevant de nouveau Sue, je vis qu'elle commençait à en arracher. Elle avait ralenti le pas et grimaçait, regardant ses jambes avec horreur, comme si elles refusaient de fonctionner. Mais, je ne sais trop comment, elle continuait à avancer, presque en titubant.

Le petit groupe commençait à se faire plus dispersé. Seule une femme dans la vingtaine était près de Sue. De toute évidence, elles étaient devenues amies pendant la course. Ému par la scène, je me mis à courir avec elles. Après une centaine de mètres, je voulus parler, leur dire des paroles encourageantes, mais j'étais à bout de mots et à bout de souffle.

La ligne d'arrivée était en vue. J'étais heureux qu'on ne l'ait pas complètement démantelée, car j'avais le sentiment que les vrais gagnants arrivaient. L'un d'eux, un adolescent tout mince, cessa de courir, s'assit par terre et se mit à pleurer. Je le regardais pendant que quelques personnes, probablement des membres de sa famille, l'aidaient à se rendre jusqu'à leur voiture. Je voyais bien aussi que Sue souffrait le martyre, mais elle avait rêvé de ce jour-là pendant deux ans et elle y était parvenue. Elle savait qu'elle finirait, et cela lui avait permis d'avancer avec confiance, et même avec bonheur, pendant les cent derniers mètres qui la séparaient de la ligne d'arrivée.

Il restait peu de gens pour féliciter cette extraordinaire coureuse de marathon qu'était ma femme. Elle avait fait une course intelligente, s'arrêtant régulièrement pour étirer ses muscles, buvant beaucoup d'eau aux différents relais et respectant son rythme. Elle avait pris la tête d'un petit groupe de coureurs sans expérience qu'elle avait encouragés et stimulés à terminer la course par ses paroles confiantes et rassurantes. Ils ne tarissaient pas d'éloges à son endroit et l'embrassaient pendant que nous nous réjouissions dans le parc.

«Elle nous a aidés à croire qu'on pouvait réussir», affirmait sa nouvelle amie.

«Elle décrivait avec tant d'enthousiasme la joie que nous aurions à terminer la course que j'étais sûre d'y arriver», disait une autre.

La pluie avait cessé et nous pûmes marcher et bavarder dans le parc. Je regardais Sue. Elle avait un port différent. Sa tête était plus droite, ses épaules plus carrées. Sa démarche, bien que boitillante, avait une nouvelle assurance et sa voix était empreinte de dignité, de sérénité. Ce n'est pas qu'elle était devenue quelqu'un d'autre. C'est plutôt comme si elle avait découvert son vrai moi, qui lui était étranger auparavant. Tel un tableau pas encore tout à fait sec, Sue était un chef-d'œuvre encore inconnu recelant une multitude de choses à apprendre sur elle-même. Elle aimait beaucoup la personne qu'elle venait de découvrir en elle. Et moi aussi.

Charles A. Coonradt

Si moi j'ai réussi, vous le pouvez aussi

On peut vraiment dire que je suis parti de rien dans la vie. Abandonné à la naissance par ma mère biologique, une jeune femme célibataire originaire d'une petite ville de Moose Jaw en Saskatchewan, au Canada, j'ai été adopté par un couple d'âge mûr peu fortuné, John et Mary Linkletter.

Mon père adoptif, qui était l'homme le plus chaleureux que j'ai connu, n'avait absolument pas le sens des affaires. Prédicateur évangélique à temps partiel, il avait aussi essayé de vendre de l'assurance, d'exploiter une petite épicerie générale et une cordonnerie, mais sans succès. Nous avons fini par aboutir dans un foyer pour démunis géré par une église locale à San Diego. Puis, mon père s'est senti appelé par Dieu pour devenir prédicateur à plein temps, et nous avons eu encore moins d'argent. Et ce que nous avions, nous le partagions généralement avec le premier clochard du voisinage en quête d'un repas.

J'ai obtenu mon diplôme d'études secondaires et, comme un vagabond, j'ai pris la route à 16 ans à peine avec l'idée de faire fortune. L'une des premières choses que j'ai trouvée, cependant, fut le mauvais bout d'un pistolet: mon compagnon de route et moi avons été attaqués par deux durs à cuire armés qui nous ont trouvés endormis dans un wagon de marchandises.

«Levez les mains et allongez-vous par terre, nous ordonna l'un d'eux. Si cette allumette s'éteint et que j'entends un bruit, je tire.» Pendant qu'ils fouillaient nos poches et nous frôlaient les parties intimes, je me demandai s'ils ne cherchaient que de l'argent. J'avais peur, car j'avais entendu raconter des histoires de clochards qui agressaient sexuellement des jeunes garçons. Tout à coup, l'allumette s'éteignit... et fut vite rallumée. Nous n'avions pas bougé d'un poil! Les voleurs trouvèrent sur moi 1,30 $, sans découvrir le billet de 10 $ que j'avais cousu dans la doublure de mon manteau. Ils dérobèrent aussi 2 $ à mon ami, Denver Fox.

L'allumette s'éteignit encore et, à leur hésitation, je les sentis indécis à propos de quelque chose. Pendant que Denver et moi étions allongés à quelques centimètres l'un de l'autre dans le noir, j'entendis le déclic d'un chien de fusil et j'eus froid dans le dos. Je savais qu'ils envisageaient de nous tuer. Ils ne couraient pas grand risque, car la pluie qui crépitait sur le wagon aurait étouffé le bruit. Glacé de terreur, je pensai à mon père, sachant combien il aurait prié pour moi s'il avait su. Et soudain la peur me quitta, faisant place à la paix et au calme. Et comme en réaction à mon aplomb retrouvé, ils revinrent vers nous et je sentis que l'un d'eux poussait quelque chose contre mon bras.

«Voilà tes 0,30 $», dit-il. «Pour ton petit déjeuner.»

Aujourd'hui, quand je regarde en arrière, je vois mes 45 années comme vedette de deux émissions parmi celles qui ont duré le plus longtemps dans toute l'histoire de la télévision. Je songe à mes succès comme homme d'affaires, auteur et conférencier, et je suis fier de mon extraordinaire vie familiale: 58 ans avec la même femme, cinq enfants, sept petits-enfants et huit arrière-petits-enfants. Si je mentionne tout cela, ce n'est pas pour me vanter, mais pour encourager d'autres personnes qui se trouvent matériellement au plus bas de l'échelle. Rappelez-vous d'où je suis parti et dites-vous que si moi j'ai réussi, vous le pouvez aussi! Oui, vous le pouvez!

Art Linkletter

8

SAGESSE ÉCLECTIQUE

*La vie est une succession de leçons
qui doivent être vécues pour être comprises.*

Helen Keller

Napoléon et le fourreur

Ne regardez pas en arrière avec colère, ni devant avec crainte, mais autour de vous avec conscience.

James Thurber

Au cours de l'invasion de la Russie par Napoléon, ses troupes se battaient au milieu d'une autre petite ville de cette interminable contrée hivernale, lorsqu'il fut accidentellement coupé de ses hommes. Un groupe de cosaques russes le repérèrent et commencèrent à le pourchasser le long des rues tortueuses. Napoléon courut de toutes ses forces et s'engouffra dans la petite échoppe d'un fourreur dans une allée latérale. Comme Napoléon entrait dans l'échoppe, haletant, il vit le fourrier et lui cria piteusement: «Sauvez-moi, sauvez-moi! Où puis-je me cacher?» Le fourreur dit: «Vite, sous cette grosse pile de fourrures dans le coin», et il recouvrit Napoléon de plusieurs fourrures.

Il avait à peine fini que les cosaques entrèrent en trombe, criant: «Où est-il? Nous l'avons vu entrer ici.» Malgré les protestations du fourreur, ils fouillèrent sa boutique de fond en comble, cherchant Napoléon. Ils enfoncèrent leurs épées dans la pile de fourrures mais ne le trouvèrent pas. Bientôt, ils renoncèrent et quittèrent.

Au bout d'un certain temps, Napoléon rampa de sous les fourrures, sain et sauf, juste au moment où ses gardes franchissaient la porte. Le fourreur se tourna vers Napoléon et dit timidement: «Excusez-moi de poser cette question à un si grand homme, mais quelle impression cela vous a fait d'être sous ces fourrures et de penser que l'instant d'après serait sûrement votre dernier?»

Napoléon se redressa de toute sa taille et dit au fourreur avec indignation: «Comment oses-tu me poser cette question, à moi l'Empereur Napoléon! Gardes, faites sortir cet impudent, bandez-lui les yeux et exécutez-le. Je vais personnellement donner l'ordre de faire feu!»

Les gardes prirent le pauvre fourreur, le traînèrent dehors, l'adossèrent à un mur et lui bandèrent les yeux. Le fourreur ne voyait rien, mais il entendait les mouvements des gardes qui se plaçaient en ligne et préparaient leurs fusils, et il entendait le froissement de ses vêtements dans le vent glacial. Il sentait le vent qui tiraillait doucement ses vêtements et gelait ses joues, ainsi que le tremblement incontrôlable de ses jambes. Puis il entendit Napoléon se racler la gorge et crier lentement: «Prêt... en joue...» En cet instant, sachant que même ces quelques sensations lui seraient enlevées pour toujours, un sentiment indescriptible l'envahit alors que les larmes inondaient ses joues.

Après un long moment de silence, le fourreur entendit des pas; quelqu'un s'approcha de lui et arracha le bandeau de ses yeux. Encore partiellement aveuglé par le soleil soudain, il vit les yeux de Napoléon fixant profondément et intensément les siens — des yeux qui semblaient voir dans tous les recoins poussiéreux de son être. Puis Napoléon dit: «Maintenant tu le sais.»

Steve Andreas

À travers les yeux
d'un enfant

Un vieil homme était assis dans son fauteuil berçant, jour après jour.

Immobile dans son fauteuil, il s'était promis de ne pas le quitter tant qu'il n'aurait pas vu Dieu.

Par un bel après-midi de printemps, le vieil homme, se berçant dans sa chaise, implacable dans sa quête visuelle de Dieu, vit une petite fille jouant de l'autre côté de la rue. La balle de la fillette roula dans la cour chez le vieil homme. Elle courut pour la ramasser et comme elle se penchait pour atteindre la balle, elle regarda le vieil homme et dit: «M. le vieux monsieur, je vous vois tous les jours en train de vous bercer dans votre fauteuil et fixant je ne sais quoi. Qu'est-ce que vous cherchez?»

«Oh, ma chère enfant, tu es encore trop jeune pour comprendre», répondit le vieil homme.

«Peut-être, dit la fillette, mais ma maman m'a toujours dit que si quelque chose me trottait dans la tête, il valait mieux en parler. Elle dit que ça aide à comprendre. Ma maman dit toujours: "Mademoiselle Lizzy, partage tes pensées." Partage, partage, partage, ma maman elle dit toujours.»

«Hé bien, petite demoiselle Lizzy, je ne pense pas que vous puissiez m'aider», grommela le vieil homme.

«Probablement pas, M. le vieux monsieur, mais peut-être que je peux vous aider simplement en écoutant.»

«D'accord, petite demoiselle Lizzy, je cherche Dieu.»

«Avec tout le respect que je vous dois, M. le vieux monsieur, vous vous bercez en un mouvement de va-et-vient, jour après jour, à la recherche de Dieu?» répondit mademoiselle Lizzy, étonnée.

«Bien oui. J'ai besoin de croire avant de mourir qu'il y a un Dieu. J'ai besoin d'un signe et je n'en ai pas encore vu un», dit le vieil homme.

«Un signe, Monsieur? Un signe?» dit mademoiselle Lizzy, maintenant complètement déconcertée par les paroles du vieil homme. «M. le vieux monsieur, Dieu vous donne un signe quand vous prenez votre prochaine respiration. Quand vous humez l'odeur des fleurs fraîches. Quand vous entendez les oiseaux chanter. Quand tous les bébés naissent. Monsieur, Dieu vous donne un signe quand vous riez et quand vous pleurez, quand vous sentez les larmes couler sur vos joues. C'est un signe dans votre cœur que c'est le moment d'étreindre et d'aimer. Dieu vous donne un signe dans le vent et dans les arcs-en-ciel et dans le changement des saisons. Tous les signes sont là, mais n'y croyez-vous pas? M. le vieux monsieur, Dieu est en vous et Dieu est en moi. Il n'y a rien à chercher parce qu'Il, Elle ou quoi que ce soit est tout simplement là, tout le temps.»

Une main sur la hanche et l'autre gesticulant, mademoiselle Lizzy poursuivit: «Ma maman dit: "Mademoiselle Lizzy, si tu cherches quelque chose de monumental, tu t'es fermé les yeux parce que voir Dieu, c'est voir des choses simples, voir Dieu c'est voir la vie dans toutes choses." C'est ce que ma maman dit.»

«Mademoiselle Lizzy, mon enfant, vous êtes très perspicace dans votre connaissance de Dieu, mais ce dont vous parlez n'est pas encore suffisant.»

Lizzy s'avança vers le vieil homme et, plaçant ses mains enfantines sur son cœur, elle lui souffla doucement à l'oreille: « Monsieur, ça vient de là-dedans, pas de là-bas», désignant le ciel. «Trouvez-le dans votre cœur, dans votre propre miroir. Puis, M. le vieux monsieur, vous allez voir les signes.»

Mademoiselle Lizzy, traversant la rue, se retourna vers le vieil homme et sourit. Puis, comme elle se penchait pour sentir les fleurs, elle cria: «Maman dit toujours "Mademoiselle Lizzy, si tu cherches quelque chose de monumental, c'est que tu t'es fermé les yeux."»

Dee Dee Robinson

Je sais qu'Il va à la guerre

Je ne peux pas vous raconter
que j'ai trouvé Dieu à l'église
et je ne me rappelle pas avoir ressenti
qu'Il était proche de moi quand j'y allais.

Je me rappelle avoir vu beaucoup de visages souriants
et des gens vêtus de leurs plus beaux atours.
Pourtant, je me sentais mal à l'aise —
trop de gens, trop proches.

Non, je ne me rappelle pas avoir vu Dieu à l'église,
mais j'entends sans cesse Son nom là-bas.
Certains demandent:
«As-tu connu une deuxième naissance?
Si oui, quand?» Et je ne comprends pas!

J'ai senti la présence de Dieu au Viêt-nam —
presque tous les jours.

Je la sentais quand,
après un long échange de feu nocturne,
Il envoyait le soleil chasser la pluie;
et la pluie revenait avec majesté dès le lendemain.

Il était là quand j'ai rassemblé
les parties du corps du sergent Moore
pour les mettre dans un sac à dépouilles.
Il était là quand j'ai écrit une lettre à sa veuve
pour expliquer comment il était mort.
Il était derrière moi
quand j'ai entendu le dernier souffle du sergent Sink.

Il m'a aidé à porter le sergent Swanson
au bas d'une colline, dans la vallée An Loe.

J'ai eu un aperçu de Dieu
quand j'ai senti la chaleur du napalm
envoyé sur nos propres positions, le 27 mai 1967.

Je L'ai senti autour de moi
quand l'aumônier célébrait un service religieux
pour nos morts, sur le champ de bataille.

J'ai vu Son reflet dans le visage de mes hommes
quand je leur ai dit de garder une balle pour eux-mêmes
alors que nous étions sur le point d'être envahis
par l'ennemi au cours d'une journée étouffante,
dans un Viêt-nam lointain.

Il m'a guidé dans le Notre Père
pendant chaque attaque aérienne,
alors que nous nous tenions sur les patins
de l'hélicoptère au faîte des arbres.

Lorsque nous tendions nos embuscades nocturnes
et que je ne pouvais distinguer
mes propres mains dans l'obscurité,
je sentais Ses mains.

Il nous envoyait la solitude
pour nous remémorer les souvenirs attendrissants
qui surgissent toujours au soir de la vie.

Je me rappellerai toujours
la force que Dieu donnait aux orphelins —
les enfants de la guerre.
Il les a rendus forts, mais ils ne comprenaient pas.
Je le sais 25 ans plus tard,
nous dormons sous la même étoile.

Il a envoyé des garçons à la guerre.
Ils sont revenus de jeunes hommes,
leurs vies changées à jamais,
fiers de protéger le pays
de la liberté.

Je ne sais pas si Dieu va à l'église,
mais je sais qu'Il va à la guerre.

Dr. Barry L. McAlpine
Premier escadron
Neuvième unité de cavalerie des É.-U.

QUI EST JACK CANFIELD?

Jack Canfield est un des plus grands experts américains en matière de développement du potentiel humain et d'efficacité personnelle. Il est à la fois un conférencier dynamique et divertissant, et un formateur très recherché, doué d'une prodigieuse capacité d'informer les gens et de les inciter à atteindre des niveaux élevés d'estime de soi et de rendement optimum.

Il est l'auteur et le narrateur de plusieurs programmes à succès sur cassettes audio et vidéo, y compris *Self-Esteem and Peak Performance* (Estime de soi et rendement optimum), *How to Build High Self-Esteem* (Comment acquérir une estime de soi élevée) et *Self-Esteem in the Classroom* (L'estime de soi en classe). Il est invité régulièrement à des émissions télévisées comme «Good Morning America», «20/20» et «NBC Nightly News». Il a publié huit ouvrages, y compris *Chicken Soup for the Soul* (Bouillon de poulet pour l'âme), *100 Ways to Build Self-Concept in the Classroom* (100 façons de bâtir le concept de soi en classe) en collaboration avec Harold C. Wells, et *Dare to Win* (Osez gagner) en collaboration avec Mark Victor Hansen.

Jack Canfield s'adresse à plus de 100 groupes chaque année. Sa clientèle comprend des associations professionnelles, des commissions scolaires, des agences gouvernementales, des groupes religieux, des organismes de vente et diverses grandes sociétés, dont l'American Management Association, AT&T, Campbell Soup, Clairol, Domino's Pizza, G.E., ITT Hartford Insurance, Johnson & Johnson, NCR, New England Telephone, Re/Max, Scott Paper, Sunkist, Supercuts, TRW et Virgin Records. Il est également membre du corps professoral de deux écoles pour entrepreneurs: Income Builders International et Street Smart Business School.

Jack Canfield dirige un séminaire annuel d'une durée de huit jours qui s'inscrit dans le cadre d'un programme de formation des formateurs en estime de soi et en rendement optimum. Ce séminaire attire des éducateurs, des conseillers, des formateurs dans l'art d'être parent, des agents de formation en entreprise, des conférenciers professionnels, des ministres du culte et d'autres personnes intéressées à cultiver leurs habiletés dans l'art de parler en public et d'animer des colloques.

Pour communiquer avec Jack Canfield et obtenir de plus amples renseignements sur ses livres, ses cassettes et ses séminaires de formation, ou pour retenir ses services en vue d'une conférence, veuillez écrire à l'adresse suivante:

The Canfield Training Group
P.O. Box 30880
Santa Barbara, CA 93130

Vous pouvez également composer sans frais le
1 800 237-8336
ou envoyer un message par télécopieur au
1 805 563-2945.

QUI EST MARK VICTOR HANSEN?

Mark Victor Hansen a été qualifié d'activateur d'hommes — un homme qui provoque les gens, les amenant à reconnaître leur plein potentiel. Pendant les 20 années et plus de sa carrière comme conférencier professionnel, il a partagé son expertise dans les domaines de l'excellence et des stratégies de vente ainsi que dans les domaines de l'appropriation (*empowerment*) et du perfectionnement personnel, avec plus d'un million de personnes dans 32 pays. Au cours de plus de 4 000 présentations, il a inspiré des centaines de milliers de personnes à se bâtir un avenir plus énergique et plus significatif tout en stimulant la vente de produits et de services d'une valeur de plusieurs millions de dollars.

Auteur en tête de la liste des best-sellers du *New York Times*, Mark Victor Hansen a publié plusieurs ouvrages, y compris *Future Diary* (Journal du futur), *How to Achieve Total Prosperity* (Comment atteindre une prospérité totale) et *The Miracle of Tithing* (Le miracle de la dîme). En collaboration avec son ami Jack Canfield, il a écrit *Chicken Soup for the Soul* (Bouillon de poulet pour l'âme), *A 2nd Helping of Chicken Soup for the Soul* (Un 2e bol de Bouillon de poulet pour l'âme) et *Dare to Win* (Osez gagner).

Mark Victor Hansen croit fermement au pouvoir éducatif des cassettes audio et vidéo. Il a produit une bibliothèque complète de programmes qui ont permis à ses auditoires d'utiliser leurs habiletés propres au sein de leur entreprise et dans leur vie personnelle. Son message en a fait une personnalité populaire de la radio et de la télévision, et il a été la vedette de sa propre émission spéciale sur PBS, intitulée «Build a Better You».

Il présente annuellement une session-retraite à Hawaï qui s'adresse aux leaders, aux entrepreneurs et aux chefs de file qui veulent vaincre des blocages sur les plans spirituel, mental, physique et financier, tout en dégageant leur potentiel le plus élevé. Parce qu'il croit fermement aux valeurs familiales, sa session-retraite comprend un programme pour enfants qui fonctionne parallèlement au programme pour adultes.

Mark Victor Hansen a consacré sa vie à déranger les gens de façon positive et profonde. C'est un grand homme au grand cœur et à l'esprit large — une inspiration pour tous ceux qui cherchent à s'améliorer.

Pour obtenir de plus amples renseignements sur les séminaires, les ouvrages et les cassettes de Mark Victor Hansen ou pour retenir ses services en vue d'une conférence, veuillez écrire à l'adresse suivante :

M.V. Hansen and Associates, Inc.
P.O. Box 7665
Newport Beach, California 92658-7665

Vous pouvez également composer sans frais le
1 800 433-2314
ou, en Californie, le
1 714 759-9304.

PERMISSIONS

Nous aimerions remercier les éditeurs et les personnes qui nous ont autorisés à reproduire leurs textes:

Le cirque et *Sauvetage en mer*. Réimprimés avec la permission de Dan Clark. ©1994 Dan Clark.

Chase. Réimprimé avec la permission de Bruce Carmichael. ©1994 Bruce Carmichael.

La deux centième étreinte. Réimprimé avec la permission de Harold Bloomfield, M.D. ©1994 Harold Bloomfield, M.D.

Une lait malté à la fraise et trois légères pressions de la main, svp!. Réimprimé avec la permission de Larry James. ©1994 Larry James.

Le petit morceau de porcelaine et *Collation des grades, héritage et autres leçons*. Réimprimés avec la permission de Bettie Youngs. Extraits de *Values from the Heartland: Stories of an American Farmgirl*. ©1994 Bettie Youngs.

Du courage. Réimprimé avec la permission de Bill Sanders. ©1994 Bill Sanders.

Je ne désespère pas des jeunes d'aujourd'hui. Réimprimé avec la permission du Dr. Hanoch McCarty. ©1995 Hanoch McCarty. Tous droits réservés.

La fleur. Réimprimé avec la permission du pasteur John R. Ramsey. ©1994 le pasteur John R. Ramsey.

Soyez généreux et faites un beau geste. Utilisé avec la permission de Adair Lara. ©1991 Adair Lara. Cet article a d'abord paru dans la revue *Glamour*.

Le martyre d'Andy. Réimprimé avec la permission de Ben Burton. ©1994 Ben Burton.

Le cœur, Les lettres annuelles et *Promenons-nous à nouveau dans le jardin*. Réimprimés avec la permission de Raymond Aaron. ©1994 Raymond Aaron.

Faites-le maintenant. Réimprimé avec la permission de Dennis Mannering. Tiré du livre *Attitudes Are Contagious... Are Yours Worth Catching?* ©1986 par Dennis E. Mannering.

Le paradis et l'enfer, la véritable différence et *Mon père, quand j'avais...* Permission accordée par Ann Landers/Creators Syndicate.

Le cadeau du rabbin. Réimprimé avec la permission de Simon and Schuster, inc. Tiré du livre The Different Drum, ©1987 par Scott Peck, M.D., P.C.

Le cadeau de grand-mère. Réimprimé avec la permission de D. Trinidad Hunt. ©1994 D. Trinidad Hunt.

Les ailes d'un ange. Réimprimé avec la permission de Stan Dale. ©1994 Stan Dale.

Le billet de cinq dollars. Réimprimé avec la permission de Floyd Shilanski. ©1994 Floyd Shilanski.

Cher Monde. Réimprimé avec la permission de Avril Johannes. ©1995 Avril Johannes.

Si je pouvais recommencer à élever mon enfant. Tiré du livre *Full Esteem Ahead* par Diane Loomans en collaboration avec Julia Loomans.

Que se passe-t-il avec la jeunesse d'aujourd'hui? Réimprimé avec la permission de Marlon Smith. ©1994 marlon Smith.

Un zéro dans la neige. Réimprimé avec la permission de Jean Tod Hunter.

Un simple geste d'attention. Réimprimé avec la permission de Nancy Moorman. ©1994 Nancy Moorman.

Adam. Réimprimé avec la permission de Patty Merritt. ©1995 Patty Merritt.

Le cadeau de toute une vie. Réimprimé avec la permission de l'auteur. Tiré de Home Life 1976. ©The Sunday School Board of the Southam Baptist Convention. Tous droits réservés.

Une bonne action en attire une autre. Réimprimé avec la permission de Mike Buetelle. ©1994 Mike Buetelle.

Un petit garçon. Réimprimé avec la permission de John Magliola. ©1994 John Magliola.

Le rêve d'une petite fille. Réimprimé avec la permission de Jann Mitchell. ©1994 Jann Mitchell.

Premier succès d'un vendeur. Réimprimé avec la permission de Rob, Toni et Nick Harris. ©1994 Rob, Toni et Nick Harris.

L'histoire du cow-boy. Réimprimé avec la permission de Larry Winget. ©1994 Larry Winget.

Pourquoi attendre?... Faites-le! Réimprimé avec la permission de Glenn McIntyre. ©1994 Glenn McIntyre.

Trente-neuf petites années... Réimprimé avec la permission de Willa Perrier. ©1994 Willa Perrier.

Des ennuis, toujours des ennuis. Réimprimé avec la permission de Ken Blanchard. ©1994 Ken Blanchard.

Les anges ne disent jamais «Bonjour!». Réimprimé avec la permission de Dottie Walters. ©1994 Dottie Walters.

Pourquoi faut-il que de telles choses arrivent? Réimprimé avec la permission de Lilly Walters. ©1994 Lilly Walters.

La course. Réimprimé avec la permission de D.H. Groberg. ©1994 D.H. Groberg.

Après un certain temps. Réimprimé avec la permission de Veronica A. Shoffstall.

À la conquête des hauts sommets. Réimprimé avec la permission de Lisa Manley. ©1994 Lisa Manley.

Un chef-d'oeuvre à découvrir. Réimprimé avec la permission de Charles A. Coonradt. ©1994 Charles A. Coonradt.

Si moi j'ai réussi, vous pouvez le faire aussi. Réimprimé avec la permission de Art Likletter. ©1994 Art Linkletter.

Napoléon et le fourreur. Réimprimé avec la permission de Steve Andreas. ©1990 Steve Andreas.

À travers les yeux d'un enfant. Réimprimé avec la permission de Dee Dee Robinson. ©1994 Dee Dee Robinson.

Je sais qu'Il va à la guerre. Réimprimé avec la permission du Dr Barry L. McAlpine. ©1994 Dr Barry McAlpine.

Prochaine parution
dans la série
Bouillon de poulet

Bouillon de Poulet
pour l'Âme d'une Mère

Avril 1997